CLIVE GIFFORD

WIE, DAS WAR MAL ANDERS?

EINE ZEITREISE IN DIE WELT VOR SMARTPHONE & CO.

ILLUSTRIERT VON ANNE WILSON

arsEdition

Die Originalausgabe ist bei QED Publishing,
einem Imprint von The Quarto Group, erschienen.
Titel der Originalausgabe: Backward Science
Redaktion: Harriet Stone, Laura Knowles
Gestaltung: Susi Martin, Kevin Knight, Malena Stojic

Aus dem Englischen von Dorothee Haentjes-Holländer
Fachliche Prüfung: Kai Kilian
Umschlaggestaltung: das verlagsatelier ROMY POHL
ISBN 978-3-8458-3995-0
Printed in China
www.arsedition.de

INHALT

FÜR DICH SELBSTVERSTÄNDLICH, FÜR OMA UND OPA EIN WUNDER

Aufstehen, Licht anmachen, Smartphone vom Strom nehmen. Pling! Schon schreibt dir ein Klassenkamerad eine Nachricht, ob ihr euch vor der Schule trefft. Das Bad ist schön warm und die Klospülung funktioniert. Das Müsli steht bereit, die Zeitung liegt schon auf dem Küchentisch oder wird auf dem Tablet gelesen. Im Radio dudeln die Hits von heute, und der Nachrichtensprecher berichtet von bedeutenden Ereignissen, die rund um die Welt geschehen. Bald geht es mit dem Auto, der Straßenbahn oder dem Zug zur Schule. Alles selbstverständlich oder etwa nicht?

Ja, richtig! Das war tatsächlich mal anders!

Aber seit wann gibt es all diese Dinge, die uns mal mit Informationen versorgen, mal unser Leben bequemer, sicherer oder unterhaltsamer machen?

Dieses Buch nimmt dich mit auf eine Reise in die Vergangenheit. Wie war das, bevor es Smartphones gab? Wie wurden wichtige Neuigkeiten verbreitet, bevor es das Internet, die Telekommunikation oder gar Zeitungen gab? Wie errichtete man Häuser und andere Bauten ohne Baumaschinen wie den Kran und die Planierraupe? Wir beginnen im Heute und reisen immer weiter zurück in die Vergangenheit. Auf dem Weg begegnen wir zahlreichen genialen Erfindungen und Entdeckungen, die unser Leben, so wie wir es kennen, ermöglicht haben.

SMARTPHONES UND SATELLITEN

Bevor es Smartphones und Satelliten gab, sah der Alltag der Menschen ganz anders aus. Anstatt mal schnell eine Nachricht über ein soziales Netzwerk oder einen Messenger-Dienst zu verschicken, schrieb man Freunden, die weiter weg wohnten, Briefe. Wenn man sich treffen wollte, musste man vorher Ort und Zeit genau verabreden, denn Text- oder Sprachnachrichten gab es noch nicht. Zwar konnte man von unterwegs telefonieren, aber nur von einer Telefonzelle aus. Anstatt kurzerhand einen Film zu streamen, ging man in eine Videothek und lieh sich eine DVD oder Videokassette aus. Und wenn man irgendwo war, wo man sich noch nicht auskannte, fragte man die Ortskundigen nach dem Weg oder benutzte einen Stadtplan. Heute können wir im Gehen telefonieren und gleichzeitig navigiert uns unser Smartphone zum Ziel unserer Wünsche.

DAS MOBILTELEFON

Die ersten Mobiltelefone wurden in den 1970er-Jahren entwickelt. Sie wandelten die Sprache in Radiowellen um. Diese wurden über Funkstationen übertragen. Im Jahr 1983 kam für rund 4000 Dollar, das entspricht etwa 3500 Euro, das erste Handy auf den Markt: das »Motorola DynaTAC 8000X«. Es war 33 Zentimeter lang und wog zehnmal so viel wie ein modernes Smartphone. Schon nach 30 Minuten Gesprächszeit musste man den Akku neu aufladen.

DAS SMARTPHONE

Ab den 1990er-Jahren wurden die Mobiltelefone immer vielseitiger. Sie bekamen Touchscreens, wurden internetfähig und man konnte E-Mails mit ihnen verschicken. 1992 erschien das erste Smartphone, das »Simon« von US electronics. Sein Erfinder war Frank Canova. Fünfzehn Jahre später kam von Apple das erste iPhone auf den Markt und noch mal ein Jahr später das erste Android Smartphone. Heute gibt es weltweit bereits mehr als 3,1 Billionen Apple und Android Smartphones.

APP-STORES

Im Jahr 2008 eröffneten die ersten Internet-Vertriebsportale, heute bekannt als App-Stores, aus denen sich die Smartphone-Nutzer Spiele und Programme, genannt Apps, herunterladen konnten. Apps, Streaming-Dienste und Soziale Netzwerke, wie Twitter, Snapchat oder Instagram, ermöglichen den Nutzern, Textnachrichten, Fotos und Videos innerhalb von Sekunden weiterzuleiten.

SATELLITEN IM WELTRAUM

Im Jahr 1957 wurde der erste künstliche Satellit, Sputnik, ins All geschossen. Er war aus Metall und knapp zweieinhalbmal so groß wie ein Basketball. Drei Monate lang umkreiste er die Erde. Heute sind es mehr als 1800 Satelliten, die unsere Erde umkreisen. Sie leisten eine Reihe technischer Dienste, zum Beispiel die Übermittlung von TV- und Telefonsignalen von einem Erdteil zum anderen. Ein großer Teil der Satelliten bilden das GPS-System (Global Positioning System). Sie versorgen die GPS-Empfänger in Smartphones, Smartwatches und Navigationssystemen mit Daten für Karten und Wegbeschreibungen.

DNA-PROFIL

Wenn du vor der Entwicklung des DNA-Profils als Ermittler an einen Tatort gerufen worden wärst, hättest du unter den Blitzlichtern des Polizeifotografen, der die Szene fotografierte, mit deinen Kolleginnen und Kollegen verdächtige Gegenstände in Plastiktüten packen müssen. Zusätzlich hättest du Oberflächen und Gegenstände mit feinem Staub bepinselt, um Fingerabdrücke sichtbar zu machen und so Tatverdächtige zu ermitteln. Trugen die Täter allerdings Handschuhe oder gab es zu viele verschiedene Fingerabdrücke, konnte es ganz schön schwierig werden, einen Fall zu lösen. Seit einigen Jahren kann ein Straftäter durch seinen genetischen Fingerabdruck überführt werden.

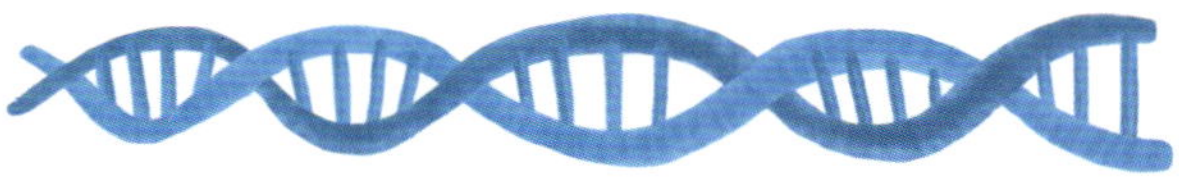

DER BAUSATZ DES LEBENS

Alle Informationen darüber, wie ein Lebewesen aussieht und wie es funktioniert, sind in einem langen Strang, der Desoxyribonukleinsäure – auch bekannt als DNA –, in jeder einzelnen Zelle eines Individuums verpackt. Wenn die DNA einer unserer Zellen ausgerollt würde, wäre sie rund 1,70 Meter lang. Die Struktur der menschlichen DNA wurde von James Watson und Francis Crick sowie der Biochemikerin Rosalind Franklin entdeckt und 1953 der Öffentlichkeit vorgestellt.

DER GENETISCHE FINGERABDRUCK

Die DNA aller Menschen ähnelt sich zwar, doch sie hat bei jedem von uns einzigartige Merkmale. 1984 entwickelte der britische Wissenschaftler Alec Jeffreys eine Methode zur Ermittlung des »genetischen Fingerabdrucks« (später DNA-Profil genannt). Inzwischen war es möglich, aus einem einzigen Blutstropfen oder wenigen Hautzellen die DNA eines Menschen zu bestimmen. Jeffreys entdeckte, dass sich durch das charakteristische Muster einer DNA herausfinden lässt, zu welcher Person sie gehört.

FALL GELÖST!

Anfangs verwendete man den genetischen Fingerabdruck nur zur Feststellung von Verwandtschaftsverhältnissen. Im Jahr 1987 wurde das Verfahren in Großbritannien zum ersten Mal zur Aufklärung eines Mordfalls angewendet. Das am Tatort gefundene DNA-Material passte exakt zur Probe eines Verdächtigen. Inzwischen entnimmt man DNA-Proben meistens mit einem Wattestäbchen aus der Mundschleimhaut.

DNA-DETEKTIVE

Heutzutage suchen die Polizisten an einem Tatort vor allem nach DNA-Material. Schon ein einziges Haar oder ein Speicheltropfen genügt. Die Kriminalisten suchen den Tatort ganz genau ab und achten dabei strikt darauf, nichts mit ihrem eigenen Genmaterial zu verunreinigen. Sie sammeln möglichst viele Spuren und vergleichen sie mit Tausenden DNA-Proben in ihrer Computerdatenbank – in der Hoffnung, einen Treffer zu finden.

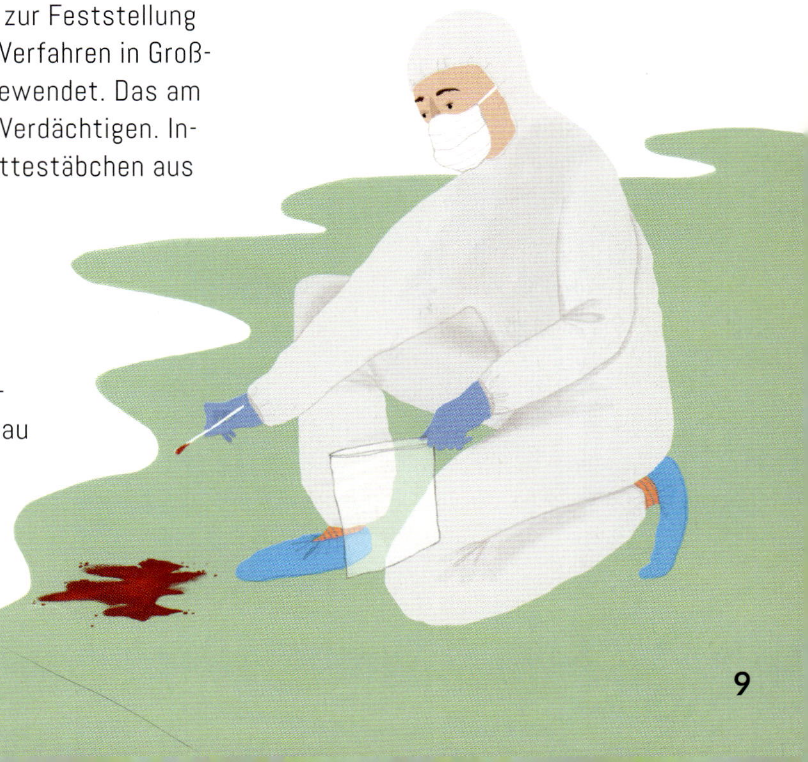

DAS INTERNET

Heutzutage sind jegliche Informationen und Antworten auf Fragen, die wir uns stellen, nur einen Mausklick weit entfernt. Bevor es das Internet gab, waren Informationen manchmal alles andere als schnell zur Hand. Wenn deine Eltern oder das Bücherregal zu Hause deine Fragen nicht beantworten konnten, blieb dir nichts anderes übrig, als in eine Bibliothek zu gehen. Dort konnte die Suche nach einer Antwort ganz schön lange dauern – nämlich bis du alle infrage kommenden Bücher oder Zeitschriften und Zeitungen durchgeblättert hattest. Und selbst wenn deine Familie einen der ersten Heimcomputer zu Hause hatte, gab es trotzdem weder Websites noch Suchmaschinen. Forscher oder Journalisten mussten oft tagelang in Fachbibliotheken suchen, bis sie die entscheidende Information gefunden hatten.

TIM BERNERS-LEE

1980 schrieb der britische Programmierer Tim Berners-Lee das Computerprogramm »ENQUIRE«. Es diente dazu, die Forschungsfortschritte der Wissenschaftler und Projekte der Europäischen Organisation für Kernforschung (CERN) für alle Beteiligten elektronisch zugänglich zu machen. Hierzu arbeitete er mit sogenannten Hyperlinks zur Verknüpfung von Teilinformationen: Klickte man einen Hyperlink an, gelangte man zur entsprechenden Informationseinheit. Damit schuf er die Grundlage für das »World Wide Web«, eine weltweite Version von ENQUIRE, die er in den Jahren 1989 und 1990 entwickelte. Die erste Website (http://info.cern.ch) war von August 1991 an erreichbar.

WEBSITES

Eine Website ist eine Sammlung von Dokumenten, die auf einem großen Computer gespeichert sind – einem sogenannten Webserver. Jede einzelne Webseite (Seite auf einer Website) hat ihre eigene Adresse, URL genannt. Sie alle werden mithilfe einer speziellen Sprache erstellt, die HTML heißt. Durch diese gemeinsame Sprache können sie über das Internet von jedem Computer aufgerufen werden.

SO VIELE INFORMATIONEN!

Das Internet entwickelte sich anfangs nur schleppend. Im Juni 1993 gab es auf der ganzen Welt nur 130 Websites. Als aber immer mehr Menschen Zugang zum Internet bekamen, stieg ihre Anzahl bis zum Jahr 1999 auf 17 Millionen. Heute sind es bereits mehr als 800 Millionen. Einige Websites, zum Beispiel von Zeitungen und Lexika, bieten viele interessante und wichtige Informationen, die vorher nur gedruckt zugänglich waren. Heute können die Menschen diese Informationen überall auf der Welt abrufen und weitergeben.

ORDNUNG INS CHAOS: SUCHMASCHINEN

Je mehr Websites entstanden, umso schwieriger wurde es, genau die Information zu finden, die man suchte. Die Lösung waren Suchmaschinen, Programme, die Millionen von Webseiten durchkämmen, um das herauszufiltern, was du wissen willst. Im Jahr 1989 erfanden Studenten der McGill University in Kanada die erste Suchmaschine namens »Archie«. Im Jahr 1995 begannen die Informatikstudenten Sergey Brin und Larry Page an ihrer »Backrub«-Suchmaschine zu basteln, die sie zwei Jahre später in »Google« umbenannten. Heute bearbeitet Google täglich Milliarden von Suchanfragen.

DIGITALKAMERAS

Smartphone aus der Tasche, ein paarmal abdrücken und sofort das Lieblingsfoto auf Instagram posten. Früher undenkbar! Die allerersten Fotoapparate waren kastenförmige Geräte, die man mit sich schleppte. Dabei überlegte man sich ganz genau, wann man abdrückte, denn im Hinterkopf dachte man an die Kosten, die pro Foto entstanden. Diese analogen Kameras bündelten das Licht und lenkten es auf einen gerollten Filmstreifen, der mit lichtempfindlichen Chemikalien beschichtet war. Ein solcher Film enthielt 12, 24 oder 36 Aufnahmen. Bevor man die Bilder sehen konnte, musste man ihn in einem Fotolabor entwickeln und auf Fotopapier ausbelichten lassen – eine Warterei, die Tage oder Wochen dauerte. Wenn man zu Hause eine Dunkelkammer hatte, konnte man Schwarz-Weiß-Filme selbst entwickeln. Aber auch hierzu brauchte man Geduld, denn die Filme mussten in chemische Lösungen gelegt und jedes einzelne Foto von Hand angefertigt werden.

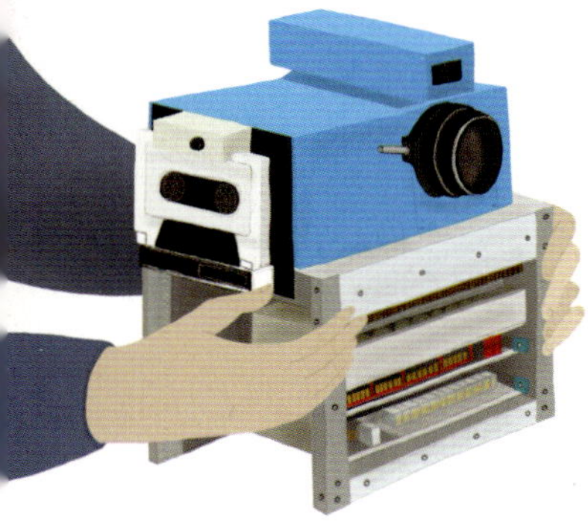

PIXEL UND NOCH MEHR PIXEL

Ein CCD-Sensor enthält ein Raster aus kleinen Quadraten, die sogenannten Pixel. Jedes Pixel misst die Farbe und Helligkeit des Lichts, das darauf fällt, und wandelt die Werte in Zahlen um. Diese Zahlen werden in der Kamera verarbeitet und als Bilddatei gespeichert. Anschließend kann man das Foto auf einem Bildschirm betrachten. Die erste CCD-Kamera besaß nur 10 000 Pixel. Eine moderne Kamera mit 20 Millionen Pixeln und mehr kann wesentlich genauere Aufnahmen machen.

DIE DIGITALKAMERA

Die Erfindung der Digitalkamera bedeutete, dass die Filmrollen überflüssig wurden – eine Revolution! Im Jahr 1975 konstruierte Steven Sasson, ein Angestellter der Firma Eastman Kodak, die erste tragbare Digitalkamera. Anstatt eines Films enthielt sie einen lichtempfindlichen Siliziumchip, den sogenannten CCD-Sensor. Sie wog rund 4 Kilogramm – fast 20-mal so viel wie eine moderne Kompaktkamera. Sie brauchte 23 Sekunden, um ein kleines Schwarz-Weiß-Foto auf einer eingebauten Digitalkassette zu speichern.

DIGITALER DURCHBRUCH

Ab den späten 1990er-Jahren setzten sich die Digitalkameras immer mehr durch. Auf ihren Displays konnte man die geknipsten Bilder sofort anschauen und schlechte Aufnahmen auch direkt wieder löschen. Nach und nach steigerte sich die Kapazität der Speicherkarten, sodass man inzwischen Tausende Fotos darauf speichern kann. Heute werden schätzungsweise 3,7 Billionen Fotos täglich geknipst.

SMARTPHONE-KAMERAS

Erst im 21. Jahrhundert bekamen die Mobiltelefone Kameras. Das erste Handy mit integrierter Kamera war im Jahr 2000 das »J-SH04« von Sharp. Man konnte 20 Aufnahmen damit machen, die man anschließend auf einen Computer laden musste. Heute kann jedes Gerät, von einer Uhr bis hin zur Drohne, mit einer Kamera ausgerüstet werden. Eine moderne Smartphone-Kamera kann viele Fotos und Videos in sehr guter Qualität aufnehmen und auf dem Gerät oder einer digitalen Cloud speichern. Und wenn man doch mal ein Foto ausgedruckt haben möchte, können das spezielle Fotodrucker innerhalb von Sekunden leisten.

DER PC

Ein Büro ohne PC? Das wäre heutzutage kaum denkbar! In den Büros und Wohnungen der 1930er- und 1940er-Jahre standen jedoch noch keine Computer. Stattdessen stapelten sich die Papiere und alles musste mit der Hand oder mit einer Schreibmaschine geschrieben werden. Um den Überblick zu behalten, wurden alle Dokumente nach einem bestimmten System, wie zum Beispiel dem Alphabet, abgeheftet und in riesigen Aktenschränken untergebracht. Wenn man darin einen bestimmten Brief, einen Bericht oder eine Auskunft suchte, konnte das sehr lange dauern.

RIESENRECHNER

Frühe Computer, wie der ENIAC in den USA oder der Z22 in Deutschland, wurden nur vom Militär und von Wissenschaftlern benutzt. Sie füllten ganze Räume und enthielten Hunderte bis Tausende sogenannter Elektronenröhren, die ziemlich groß waren und bei den Rechenvorgängen des Computers als Schalter dienten. Einen solchen Rechner zu programmieren, konnte Tage dauern. Zum Teil mussten die Kabelverbindungen von Hand gesteckt werden.

DIE ERFINDERIN GRACE HOPPER (1906–1992)

Bis zur Erfindung der sogenannten Compiler, das sind Programme, die Begriffe aus einer für Menschen verständlichen Programmiersprache in Computerbefehle übersetzen, dauerte das Programmieren eines Computers sehr lange. Eine wichtige Wegbereiterin der Computerprogrammierung war Grace Hopper. Sie leitete das Team, das im Jahr 1952 mit dem A-0 den ersten Compiler erfand. Hopper entwickelte zwischen 1955 und 1959 auch die erste Computersprache für Geschäftscomputer, die »FLOW-MATIC«.

GESCHRUMPFTE TECHNIK

Die Elektronenröhren in den Computern waren groß, verbrauchten viel Energie und gingen schnell kaputt. Darum ersetzte man sie durch kleinere und zuverlässigere Teile, durch Transistoren. Das Forschungsteam einer Telefongesellschaft in den USA hatte sie im Jahr 1947 erfunden. Ab nun wurden die Transistoren immer kleiner, bis man sie auf einem Mikroplättchen unterbringen konnte, das kleiner ist als ein Fingernagel: auf einem Siliziumchip. Im Jahr 1971 wurde der erste Mikroprozessor – ein ganzes Rechensystem auf einem einzigen Siliziumchip – von der Firma Intel entwickelt.

COMPUTER FÜR ALLE!

Mit den Transistoren und Mikroprozessoren veränderten sich die Computer. Sie wurden kleiner, billiger und leistungsfähiger. Viele Informationen, die man bisher auf Papier drucken musste, konnte man nun digital als Dateien speichern. In den 1970er- und 1980er-Jahren erschienen die Heimcomputer »Apple II«, der »ZX Spectrum« und der »Commodore 64«. Ihre Programme und Informationen waren auf Kassettenbändern gespeichert. Für das Laden einer Datei brauchten sie einige Minuten. Heute finden sich auf jedem Computer Dutzende Programme und Tausende von Dateien, die im Bruchteil von Sekunden aufgerufen werden können.

RETTUNGSDIENSTE

Wer sich heute verläuft oder in Not gerät, kann darauf vertrauen, dass hervorragend ausgerüstete Rettungsdienste dank modernster Technik schnell zu Hilfe eilen, egal ob auf dem Land, im Wasser oder aus der Luft. Früher hingegen konnte man nur hoffen, dass die Rettung möglichst nahe war, denn es gab noch keine Smartphones, um eine Nachricht zu schicken oder 110 anzurufen, und keine Satellitennavigation, mit deren Hilfe man jemanden heutzutage leicht orten kann. Damals war es oft schwer, zu den Opfern vorzudringen, und Helfer begaben sich manchmal selbst in Lebensgefahr, um anderen Hilfe zu leisten.

HILFE AUS DER LUFT

Der Hubschrauber ist heute bei Rettungsaktionen kaum wegzudenken. Im Gegensatz zu Flugzeugen können Hubschrauber bedeutend langsamer fliegen. Sie können sogar senkrecht auf und ab steigen oder einfach auf einer Höhe stehen bleiben. Dadurch sind sie perfekt geeignet, schwer erreichbare Stellen anzufliegen und dort Hilfsmittel oder Medikamente herabzulassen, oder um Menschen aus gefährlichen Situationen zu befreien.

IGOR SIKORSKY (1889–1972)

Ein Wissenschaftler, der die Entwicklung heutiger Hubschrauber besonders prägte, war der Ukrainer Igor Sikorsky. Schon mit 12 Jahren konstruierte er seinen ersten Hubschrauber. Später entwickelte er das weltweit erste viermotorige Flugzeug, die »Russki Witjas«. Den ersten Hubschrauber namens »VS-300«, der nur mit einem Hauptrotor angetrieben wurde, baute er schließlich 1939 in den USA. Er schaffte es allerdings nur ein paar Zentimeter vom Boden abzuheben. Seine nachfolgenden Modelle wurden immer leistungsfähiger, und schon 1945 führte der »Sikorsky R-5« die erste Hubschrauber-Rettung in Friedenszeiten durch. Er rettete fünf Männer von einem sinkenden Frachter.

SO FUNKTIONIERT EIN HUBSCHRAUBER:

Durch einen Motor wird der Rotor des Hubschraubers in Drehung versetzt. Die Blätter des Rotors sehen aus wie lange, dünne Flugzeugflügel. Sobald die Blätter die Luft durchschneiden, entsteht Auftrieb – eine physikalische Kraft, die den Hubschrauber in die Höhe hebt. Verändert der Pilot die Neigung der Rotorblätter, wird die Luft nach hinten gedrückt und der Hubschrauber bewegt sich vorwärts.

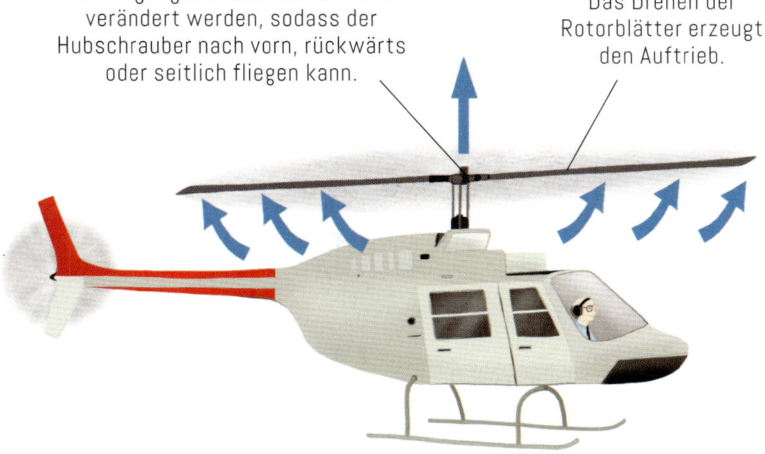

DIE AUFBLASBARE RETTUNGSWESTE

Die ersten Rettungswesten bestanden aus schwimmbaren Naturmaterialien wie dickem Kork oder Kapokfasern – bis Peter Markus 1928 seine Erfindung vorstellte. Seine Rettungsweste war relativ leicht und bequem und verfügte über kleine Gaszylinder mit Kohlendioxid. Zog man an den dazugehörigen Schlaufen, blies das Gas die Weste auf, sodass sie schwamm.

DER FERNSEHER

Fernseher sind in deutschen Haushalten kaum wegzudenken. Sicherlich verbringst auch du gerne mal einen gemütlichen Fernsehabend mit deiner Familie. Wenn hingegen in den frühen 1930-Jahren eine Familie den Abend zu Hause verbrachte, hieß das nicht, dass alle vor dem Fernseher saßen. Den gab es nämlich damals noch nicht. Stattdessen besaß die Familie aber vielleicht schon ein Röhrenradio – einen gigantischen Kasten, vor dem sich alle versammelten, weil gerade eine der seltenen Radiosendungen ausgestrahlt wurde. Die meisten Nachrichten und Informationen erhielt man aus der Zeitung und aus Büchern. Oder indem man sich in einem Kino einen wöchentlichen Zusammenschnitt der wichtigsten Ereignisse ansah.

DER ALLERERSTE FERNSEHER

Der schottische Ingenieur John Logie Baird war der Erste, der im Jahr 1925 mit seinem mechanischen Fernsehapparat bewegte Bilder ausstrahlte. Bairds System sendete mit nur 30 sogenannten Bildzeilen – heutige HD-Fernseher haben 1080. In den 1930er-Jahren wurde es durch vollelektronische Fernseher mit gewölbten Glasbildschirmen abgelöst, den sogenannten Kathodenstrahlröhren.

DIE ERSTE ZEIT DES FERNSEHENS

Früher waren die Fernseher wuchtige Kommoden mit winzigen Bildschirmen. Sie waren sehr teuer, nur wenige Familien konnten sich die Anschaffung leisten. Wenn man einen solchen Fernseher anschaltete, dauerte es eine Weile, bis ein unscharfes Schwarz-Weiß-Bild auf dem Bildschirm erschien. Damals konnte man nicht rund um die Uhr zwischen Hunderten Programmen auswählen, denn pro Tag wurden nur wenige Sendungen ausgestrahlt.

EINE GROSSE VERÄNDERUNG

Das Fernsehen diente nicht nur der Unterhaltung, sondern es informierte die Menschen und klärte sie auf. Nun sahen sie die Welt mit anderen Augen: Zum ersten Mal gelangten bewegte Bilder von den verschiedensten Orten der Erde als Naturfilme, Sportübertragungen und neuste Nachrichten in die Wohnzimmer. Fernsehen wurde zur liebsten Freizeitbeschäftigung. Heute verbringt ein Erwachsener in Deutschland pro Tag durchschnittlich etwa drei Stunden vor dem Fernseher, Kinder etwa eine Stunde.

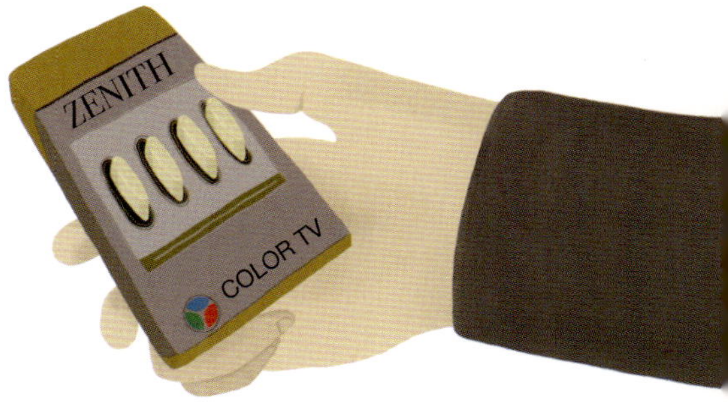

ERFINDUNG FÜR FAULPELZE

Bevor in den 1950er-Jahren die Fernbedienung erfunden wurde, mussten die Menschen die Programme am Fernsehgerät umschalten und dort auch die Lautstärke einstellen. Die erste Fernbedienung hieß »Lazy Bones«, das heißt so viel wie Faulpelz. Ein Kabel verband sie mit dem Fernseher. Fünf Jahre später erfand der Amerikaner Eugene Polley die erste kabellose Fernbedienung.

NOTFALLMEDIZIN

Um als Soldat den Ersten Weltkrieg (1914–1918) zu überleben, musste man ganz schön Glück haben! 9,7 Millionen Frauen und Männer, die im Militäreinsatz waren, starben in dieser Zeit. Das sind durchschnittlich 6200 Personen am Tag. Neben Verletzungen durch Kugeln und Bomben waren sie Giftgasangriffen ausgesetzt, die ebenfalls tödlich verlaufen konnten. Auch Verwundungen, die heute leicht zu behandeln sind, ein gebrochenes Bein etwa oder Blutverlust, konnten damals zum Tod führen. Aber was für eine Verletzung es auch sein mochte, es war lebenswichtig, dass man überhaupt eine medizinische Behandlung erhielt und keine Infektion bekam; was im Schmutz und Elend der Schützengräben und auf den Schlachtfeldern sehr schnell geschah.

DIE THOMASSCHIENE

Von den Soldaten, die eine Schussverletzung in Form eines gebrochenen Oberschenkels hatten, starben in den ersten beiden Kriegsjahren etwa 80 Prozent an einer Infektion ihrer Verletzung. Daraufhin wurde vermehrt die von dem britischen Orthopäden Hugh Owen Thomas erfundene »Thomasschiene« eingesetzt – eine mit Baumwollstoff gepolsterte Metallschiene, die das gebrochene Bein ruhig stellte. Dies war die beste Voraussetzung dafür, dass sich der verletzte Knochen nicht infizierte, und in der Folge ging die Sterblichkeit der Soldaten deutlich zurück.

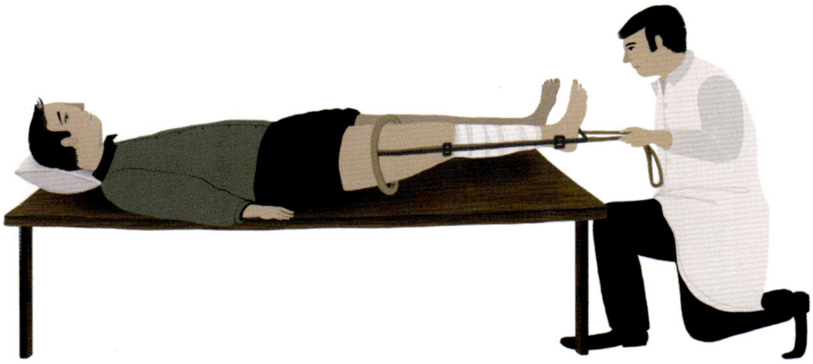

BLUTBANKEN

Im Ersten Weltkrieg starben viele Menschen an Blutverlust durch Verletzungen. Es gab noch keine Möglichkeit, Blut zu lagern und den Verletzten zu verabreichen. Erst Ende des Jahres 1917 richtete der amerikanische Offizier Oswald Robertson die ersten kleinen »Blutdepots« ein, in denen Blut mit Eis gekühlt wurde. 1940 entdeckte der afroamerikanische Chirurg Charles R. Drew, dass das Blutplasma, der flüssige Anteil des Bluts ohne Blutzellen, bedeutend länger gelagert werden kann als Vollblut. Anschließend half er dabei, die ersten großen Blutbanken aufzubauen.

RÖNTGENWAGEN

Heutzutage können Ärzte durch Röntgenaufnahmen schnell und leicht in das Innere eines Menschen blicken, doch auf den Schlachtfeldern des Ersten Weltkriegs war das kaum möglich. Die französische Physikerin und Chemikerin Marie Curie setzte sich schließlich dafür ein, dass spezielle Fahrzeuge entwickelt wurde, die sogenannten »Kleinen Curies«. Sie waren mit Röntgenapparaten ausgerüstet, durch die die Feldärzte Kugeln, Granatsplitter und gebrochene Knochen lokalisieren konnten.

ANTIBIOTIKA

Bakterielle Infektionen, die früher für viele Menschen den Tod bedeuteten, können heute mithilfe von Antibiotika schnell bekämpft werden. Das erste Antibiotikum hieß Penizillin und wurde 1928 von dem schottischen Wissenschaftler Alexander Fleming entdeckt. Es ist eine besondere Sorte von Schimmelpilzen, die in einem seiner Experimente bösartige Bakterien vernichtet hatten. Gut zehn Jahre später gelang es einem britischen Forscherteam, Penizillin in großen Mengen zu produzieren und so Tausenden Menschen im Zweiten Weltkrieg das Leben zu retten.

KÜCHENGERÄTE

Schnell mal ein kleiner Snack aus dem Kühlschrank oder ein Eis aus dem Gefrierschrank? Vor hundert Jahren ging das nicht so einfach, denn damals gab es weder Kühlschränke noch andere für uns selbstverständliche Küchengeräte wie Mikrowellen oder Spülmaschinen. Vor der Erfindung der Kühl- und Gefrierschränke musste man so gut wie täglich einkaufen gehen, denn wenn frische Lebensmittel nicht gekühlt werden, verderben sie schnell. Im Winter konnte man die Vorräte draußen im Schnee lagern oder in einer möglichst kühlen Speisekammer. Einige wenige Menschen besaßen einen sogenannten Eisschrank, für den immer neue Eisblöcke und Eisstangen geliefert werden mussten.

DER KÜHLSCHRANK

Im Jahr 1748 fand der schottische Wissenschaftler William Cullen heraus, dass Flüssigkeiten bei ihrer Umwandlung in Gas oder Dampf Hitze aufnehmen. Dieses Prinzip wendete im späten 19. Jahrhundert neben weiteren Erfindern auch der deutsche Ingenieur Carl von Linde an. Der Amerikaner Fred W. Wolf erfand im Jahr 1913 einen der ersten elektrischen Heimkühlschränke. Das erste europäische Modell wurde 1929 in den Zschopauer Motorenwerken J. S. Rasmussen entwickelt.

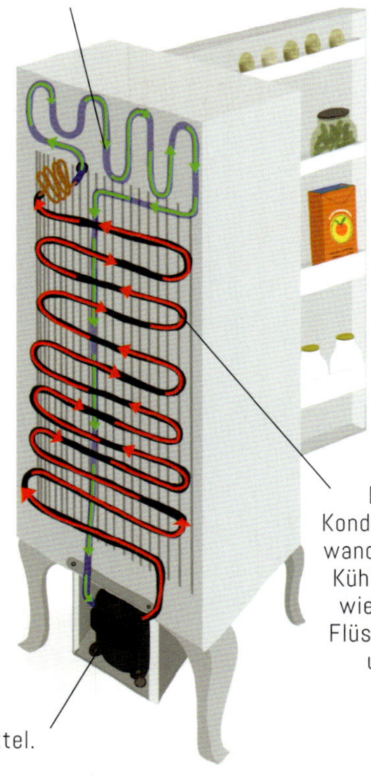

WIE EIN KÜHLSCHRANK FUNKTIONIERT

An der Rückseite des Kühlschranks befindet sich eine Pumpe, die das Kühlmittel, eine Flüssigkeit, durch lange gewundene Schläuche pumpt. Während sich das Kühlmittel von flüssig in gasförmig umwandelt, entzieht es seiner Umgebung Wärme, wodurch das Innere des Kühlschranks gekühlt wird. Dann wird das Kühlmittel durch eine weitere Pumpe, den sogenannten Kompressor, verdichtet und im Kondensator in Flüssigkeit zurückverwandelt. Ein Gefrierschrank funktioniert genauso, allerdings mit niedrigeren Temperaturen.

CLARENCE BIRDSEYE

Während eines Aufenthalts in Kanada beobachtete der Biologe Clarence Birdseye, wie die Inuit ihre Fische mit einer dicken Schicht Eis in Blitzgeschwindigkeit einfroren. So behielt der Fisch seinen Geschmack und seine Konsistenz. Ab den 1920er-Jahren stellte Birdseye selbst Maschinen her, die Lebensmittel zu Tiefkühlware gefrieren ließen. Durch Birdseyes Erfindung können alle, die zu Hause einen Gefrierschrank haben, das ganze Jahr über alle Sorten Gemüse, Fisch und andere Lebensmittel essen, die sonst schnell verderben. In Deutschland waren die ersten Tiefkühlprodukte Spinat und Fischstäbchen.

DIE SPÜLMASCHINE

Die reiche AmerikanerinJosephine Cochran ärgerte sich darüber, dass ihre Angestellten beim Abwaschen so viel Geschirr zerbrachen. Daraufhin erfand sie im Jahr 1886 den ersten automatischen Geschirrspüler. Es war ein Wassererhitzer aus Kupfer, der Teller und Tassen, die auf einem langsam kreisenden Rad fuhren, mit heißem Wasser abspritzte. In Restaurants traten die Geschirrspüler sehr schnell ihren Siegeszug an, in den Haushalten aber waren sie bis in die 1950er-Jahre noch selten. Heute besitzen etwa 70 Prozent der deutschen Haushalte eine Spülmaschine.

DER STAUBSAUGER

Ist dein Zimmer staubig oder liegen Krümel auf dem Teppich? Kein Problem – ein Knopfdruck genügt, und schon saugt der Staubsauger alles ein. Vor der Erfindung des Staubsaugers blieb den Menschen nichts anderes übrig, als ihre Teppiche abzukehren, bei reichen Leuten erledigten das täglich die Bediensteten. Aber dadurch wurde der Staub eigentlich nur aufgewirbelt. Von Zeit zu Zeit wurden die Teppiche auch nach draußen getragen und dort ordentlich ausgeklopft, was wahre Staub- und Dreckwolken hervorbrachte. Manchmal wurden die Teppiche auch an Ort und Stelle abgeschrubbt. Danach blieben sie noch tagelang feucht und stanken.

DER BEGINN DES STAUBSAUGERS

In den 1890er-Jahren gab es Reinigungsgeräte mit einem Gebläse, das Luft ausstieß. Damit sollten der Staub und der Schmutz von den Teppichen geblasen werden. Im Jahr 1901 drehte der britische Erfinder Hubert Cecil Booth das Gebläse um, sodass die Luft nun nicht mehr ausgestoßen, sondern angesaugt wurde. Durch einen Schlauch gelangte der eingesaugte Staub dann in einen Schmutzbehälter. Für ein Haus aber war dieser Apparat viel zu groß. Er musste von Pferden gezogen und die Schläuche von draußen in die Häuser gelegt werden.

JAMES SPANGLER (1848–1915)

James Spangler war ein amerikanischer Hausmeister. Er litt an Asthma und durch das Einatmen des Staubs beim Kehren wurden seine Beschwerden immer schlimmer. Im Jahr 1907 führte er einen selbst entwickelten Handstaubsauger vor: mit einem Kissenbezug als Staubbeutel, einem Elektroventilator, einer Blechdose und einem Nähmaschinenmotor. Dieser erste tragbare Staubsauger begeisterte seine Cousine Susan so sehr, dass ihr Mann William Hoover die Rechte an der Erfindung kaufte. Und nicht nur Susan war begeistert, der Staubsauger wurde zum Verkaufsschlager. Seitdem wurden Millionen »Hoover-Staubsauger« verkauft.

SAUGEN OHNE BEUTEL

Ein Staubsauger verliert an Saugkraft, wenn der Schmutzbeutel allmählich voll wird. James Dyson entwickelte unfassbare 5127 verschiedene Prototypen eines Staubsaugers ohne Beutel, bevor er im Jahr 1983 schließlich mit dem ersten Modell auf den Markt kam. »Dyson-Staubsauger« besitzen starke Motoren, die den Staub sehr schnell aufsaugen und im Kreis wirbeln. Der Schmutz fliegt an die Außenränder des Luftwirbels, auch Zyklon genannt, und fällt von dort auf den Boden des Auffangbehälters. Aus diesem kann er leicht ausgeleert werden.

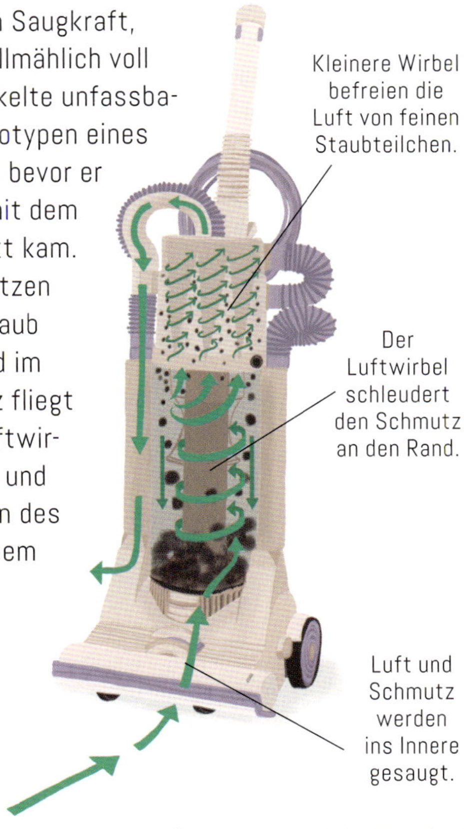

SAUGROBOTER

Warum noch selbst staubsaugen, wenn das auch ein Roboter erledigen kann? Der erste Saugroboter »Trilobite« wurde im Jahr 1996 von dem schwedischen Unternehmen Electrolux erfunden. Ein Konkurrenzmodell, der »Roomba«, erschien im Jahr 2002 und wurde zum Verkaufshit. Mit über 14 Millionen verkauften Exemplaren ist er der meistverbreitete Saugroboter der Welt. Kein Wunder – der Saugroboter fährt eigenständig durch die Wohnung, umgeht dabei Treppen und andere Hindernisse und kann sich merken, wo er bereits sauber gemacht hat.

FLUGZEUGE UND FLUGREISEN

Stell dir vor, deine Familie möchte Urlaub in Australien machen. Mit dem Flugzeug wärt ihr in etwa 2 Tagen dort und umrundet dabei mal eben die halbe Erdkugel. Solch eine Reise dauerte früher länger als zwei Monate. Zuerst musste man auf dem Landweg bis nach England reisen, um von dort mit dem Schiff überzusetzen. Selbst als die Segelschiffe in der Mitte des 19. Jahrhunderts allmählich von Ozeandampfern abgelöst wurden, brauchte man für weite Strecken noch sehr viel Zeit. Für eine Atlantiküberquerung zwischen Nordamerika und Europa brauchte ein Dampfer bei einer Geschwindigkeit von 10 bis 30 Kilometern pro Stunde rund 20 Tage.

PASSAGIERMASCHINEN

In den ersten Flugzeugen gab es nur Platz für eine oder zwei Personen. Doch schon in den 1920er-Jahren wurden die Flugzeuge größer und konnten 10 bis 40 Personen transportieren. Mit der Erfindung der Strahltriebwerke in den 1950er-Jahren wurden die Flugzeuge noch mal größer und auch schneller. Der erste »Düsenjet« mit Strahltriebwerk, der »DH Comet«, flog ab 1958 Nonstop-Flüge über den Atlantik, von New York nach London. Bei guten Bedingungen dauerte das manchmal nur 6,5 Stunden – ein Bruchteil der Zeit, die man mit dem Schiff gebraucht hatte.

DAS ERSTE MOTORFLUGZEUG

Die Brüder Orville und Wilbur Wright besaßen eine Fahrradreparaturwerkstatt in den USA. Sie waren völlig fasziniert vom Fliegen und bauten sich sogar einen eigenen Windkanal, um zu erforschen, wie das Fliegen funktioniert. Nachdem sie ein paar Jahre mit sogenannten Gleitapparaten experimentiert hatten, beschlossen sie, einen Motor einzubauen. 1903 absolvierte ihr Flugzeug »Flyer 1« den ersten Motorflug. Der Flug dauerte nur 12 Sekunden und überwand eine Entfernung von 36 Metern. Der Antrieb war ein kleiner Benzinmotor. Er drehte zwei Propeller, die hinter den Tragflächen angebracht waren.

DAS STRAHLTRIEBWERK

Der britische Erfinder Frank Whittle und der deutsche Forscher Hans von Ohain arbeiteten in den 1930er-Jahren gleichzeitig an der Entwicklung von Strahltriebwerken. Sie sind stärker als Maschinen mit innerem Verbrennungsmotor. An der Vorderseite des Strahltriebwerks wird Luft angesogen und in der Verbrennungskammer mit Treibstoff gemischt. Dann wird das Gemisch entzündet. Durch die Verbrennung des Gemischs entstehen große Mengen Gas. Sie dehnen sich nach hinten aus und verlassen das Triebwerk. Dadurch wird das Flugzeug angeschoben.

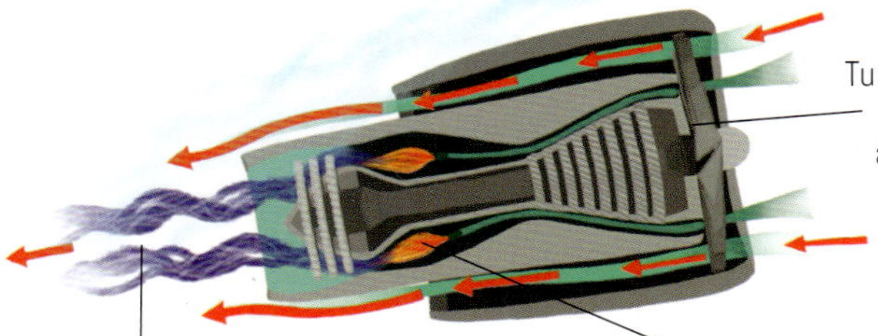

LUFTFRACHT

Mit zunehmender Größe der Flugzeuge und Verlängerung der Strecken, die sie zurücklegen konnten, entwickelten sie sich zu nützlichen Transportmaschinen. Im Jahr 2017 wurden rund 56 Millionen Tonnen Fracht in Flugzeugen transportiert. Briefe und Pakete erreichen mit ihnen wesentlich schneller als auf dem Land- oder Seeweg ihr Ziel und Lebensmittel gelangen frisch und unverdorben von einem Erdteil zum anderen.

DESINFEKTIONS- UND BETÄUBUNGSMITTEL

Stell dir mal vor, du würdest vor einer Operation nicht betäubt und würdest alles ganz genau mitbekommen. Schon die Angst und die Schmerzen könnten dich fast umbringen! Darum waren vor der Erfindung von Betäubungs- und Schmerzmitteln Operationen immer der allerletzte Ausweg. Aber selbst wenn man die Schrecken einer solchen Operation überstanden hatte, war die Gefahr, danach an einer Infektion zu sterben, noch sehr hoch. Denn viele Operationen wurden unter unhygienischen Umständen und mit schmutzigen Bestecken durchgeführt, da es noch keine modernen Desinfektionsmittel gab.

NEUE MITTEL ZUR SCHMERZLINDERUNG

Es gibt eine ganze Reihe Substanzen, die narkotisierend wirken. Zunächst wurde für Betäubungen unter anderem Lachgas eingesetzt. Im Jahr 1831 entdeckten drei Forscher gleichzeitig das Chloroform, unter ihnen der Deutsche Justus Liebig. Der schottische Arzt James Young Simpson wandte es im Jahr 1847 erstmals zur Betäubung von Menschen an. Neben anderen Frauen erleichterte er damit auch der englischen Queen Victoria die Schmerzen bei der Geburt ihrer Kinder.

DIE NARKOSE

Ein sogenanntes Allgemeinanästhetikum versetzt Patienten in einen kontrollierten Schlaf, sodass sie den Schmerz einer Operation nicht spüren. Der amerikanische Zahnarzt William T. G. Morton war der Erste, der im Jahr 1846 Äther als Allgemeinanästhetikum einsetzte. Er gilt als Begründer der modernen Narkose, mit deren Hilfe auch komplizierte Operationen erfolgreich durchgeführt werden können.

DIE THEORIE DER KEIME

In den 1860er-Jahren fand der französische Arzt Louis Pasteur heraus, dass Keime, wie Viren und Bakterien, Infektionen und Krankheiten hervorrufen können – anstatt durch Geister oder schlechte Luft, wie viele Menschen glaubten. Da sich behandelnde Ärzte manchmal nicht einmal die Hände wuschen, wenn sie Patienten wechselten, wurden Krankheiten schnell übertragen. Erst als Robert Koch bewies, dass Krankheiten wie Milzbrand und Tuberkulose durch Bakterien ausgelöst werden, wurde die Keimtheorie allgemein anerkannt. Seitdem reinigen und desinfizieren Chirurgen ihre Hände und Bestecke vor einer Operation sehr gründlich, um Infektionen zu vermeiden.

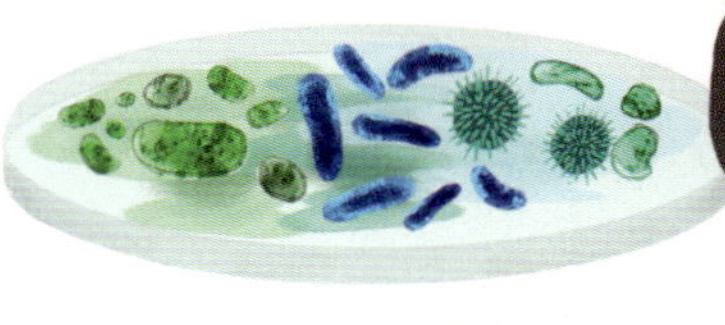

DER PHENOL-ZERSTÄUBER

Angeregt von Louis Pasteurs Keimtheorie, begann der britische Chirurg Joseph Lister die Wunden seiner Patienten mit Karbolsäure (heute bekannt als Phenol) zu reinigen und die Verbände damit zu tränken. Karbolsäure ist eine Substanz, die die Ausbreitung von Keimen hemmt. Als Ergebnis stellte Lister fest, dass weniger Infektionen auftraten. Daraufhin erfand er eine tragbare Zerstäuber-Pumpe, mit der man den Operationssaal vor und während einer Operation mit Karbolsäure aussprühen konnte.

FERTIGUNGSSTRASSEN

Im 19. Jahrhundert dauerte es unsagbar lang, bis ein Gegenstand oder ein komplexes Gerät hergestellt war. Ein guter Handwerker war zwar in der Lage, ein Werkstück selbst anzufertigen. Dabei aber gerieten die einzelnen Teile nie genau gleich, was eine spätere Reparatur oder das Einfügen eines Ersatzteils schwierig machte. Für größere Maschinen, Lokomotiven zum Beispiel, brauchten viele geübte Arbeiter und Handwerker monatelang. Das kostete ein Vermögen! Heute wird jede Schraube und jedes Einzelteil einer Maschine industriell gefertigt und kann leicht verbaut oder ausgetauscht werden.

AUSTAUSCHBARE TEILE

Der französische Büchsenmacher Honoré Blanc war der Erste, der im Jahr 1780 auf die Idee kam, Gewehre aus standardisierten Einzelteilen herzustellen. Sie konnten im Voraus produziert und leicht ausgewechselt werden. Im 19. Jahrhundert übernahm man Blancs Idee für eine Reihe weiterer Produkte, zum Beispiel für Schreibmaschinen, die ersten Fahrräder und Nähmaschinen.

DIE FERTIGUNGSSTRASSE

Um die Nachfrage nach seinen Automobilen befriedigen zu können, teilte der Autobauer Ransom Olds seine Leute in Gruppen auf: Jede Gruppe stand an einer bestimmten Stelle und führte dort ihre Arbeiten aus. War die eine Gruppe fertig, wurde das Auto zur nächsten Gruppe weitergeschoben. So entstand die erste Auto-Fertigungsstraße. Sie ließ die Produktion von 425 Autos im Jahr auf 2500 im nächsten Jahr steigen.

DAS FLIESSBAND

Der amerikanische Autobauer Henry Ford entwickelte die Idee der Fertigungsstraße weiter. Er unterteilte die Produktion seines »Ford T« in 84 Schritte und ließ jeden Arbeiter immer nur genau einen bestimmten Arbeitsschritt ausführen. Dazu setzte er Fließbänder ein, die das Stück für Stück entstehende Fahrzeug automatisch die Fertigungsstraße entlangschoben – entlang der Arbeiter, die wieder und wieder dieselben Handgriffe ausführten. Das erste Fließband ging im Jahr 1913 in Michigan in Betrieb. Es reduzierte die Zeit, die man brauchte, um einen Ford T zu produzieren, von 12 Stunden auf nur 93 Minuten.

Ein Roboterarm schweißt Metallteile zusammen.

DER AUFSTIEG DER ROBOTER

Der Umgang mit heißen Metallen und Chemikalien sowie Schweiß- und Lackierarbeiten waren für die Fließbandarbeiter sehr unangenehm. Dann aber kamen die Roboter. Der erste Industrieroboter, der »Unimate«, war eine Erfindung der beiden Amerikaner George Devol und Joseph Engelberger. Er wurde im Jahr 1961 in einer Autofabrik von General Motors eingesetzt, um glühende Metallteile zu bearbeiten. Seitdem haben Zehntausende Robotertypen die Fabriken erobert. Sie lackieren und schweißen oder setzen mit absoluter Präzision Einzelteile zusammen.

DAS AUTO

Früher gab es zur Fortbewegung nur das Pferd oder die eigenen zwei Beine – und in der Regel legte man die meisten Strecken zu Fuß zurück. Doch viele Städte hatten ein Problem – ein regelrechtes »Scheißproblem« sogar: Alle Busse, Kutschen und Karren wurden von Pferden gezogen, und die ließen natürlich ihren Mist auf die Straße fallen. Im Jahr 1880 gab es zum Beispiel in New York City 150 000 Pferde, die jeden Tag bis zu 750 Tonnen Pferdeäpfel fallen ließen – das entspricht in etwa dem Gewicht von 700 Autos! Heute gibt es statt Pferdeäpfeln jede Menge Motorfahrzeuge auf unseren Straßen – weltweit sind es mehr als 1,2 Billionen.

DER VERBRENNUNGSMOTOR

Um das Jahr 1860 erfand der Belgier Jean-Joseph Étienne Lenoir einen der ersten Verbrennungsmotoren weltweit: einen Motor, der Kraftstoff in einem Metallzylinder verbrannte. Der Ingenieur Nicolaus Otto entwickelte das Modell im Jahr 1876 weiter. So entstand der erste praktisch verwendbare Verbrennungsmotor, der klein und leicht genug war, um ein Fahrzeug anzutreiben.

DAS AUTOMOBIL

Im Jahr 1885 konstruierte Carl Benz das erste Auto mit einem kleinen Verbrennungsmotor. Das dreirädrige Gefährt erreichte eine Höchstgeschwindigkeit von 16 Stundenkilometern. Anstelle eines Lenkrads besaß es eine Stange, mit der man das Vorderrad in die gewünschte Richtung drehen konnte. Im Jahr 1894 hatte das nächste Automobil von Benz, der »Benz Velo«, schon vier Räder. Dieses Modell wurde mit 1200 Stück das erste Auto, das in größeren Stückzahlen hergestellt wurde.

SCHLAUE FRAUEN

Im Jahr 1888 fuhr Berta Benz mit ihren beiden Söhnen im Motorwagen gut 190 Kilometer von Mannheim nach Pforzheim und wieder zurück. Es war die erste Überlandfahrt eines Automobils. Auf dem Rückweg bat sie einen Schuster, die stark beanspruchten Bremsen mit dickem Leder zu belegen, und erfand so die ersten Bremsbeläge. 15 Jahre später erfand die Amerikanerin Mary Anderson die ersten Scheibenwischer, die Wasser und Schmutz von der Windschutzscheibe entfernten.

DER AUTOMOTOR

Luft und Kraftstoff (in der Regel Benzin) gelangen durch ein Ventil in den Zylinder des Motors. Die Kolben im Inneren des Zylinders bewegen sich nach oben und drücken das Gemisch zusammen, wodurch es sich erwärmt. Am oberen Ende des Zylinders produzieren die Zündkerzen einen Funken, der die Mischung entzündet. Beim Verbrennen des Gemischs entsteht heißes Gas, das die Zylinderkolben wieder nach unten drückt. Eine Kurbelwelle setzt die Auf-und-ab-Bewegung der Kolben in eine Drehbewegung um, die die Räder antreibt. Die Automotoren dieser Bauart heißen auch Ottomotoren, nach dem deutschen Erfinder Nicolaus August Otto.

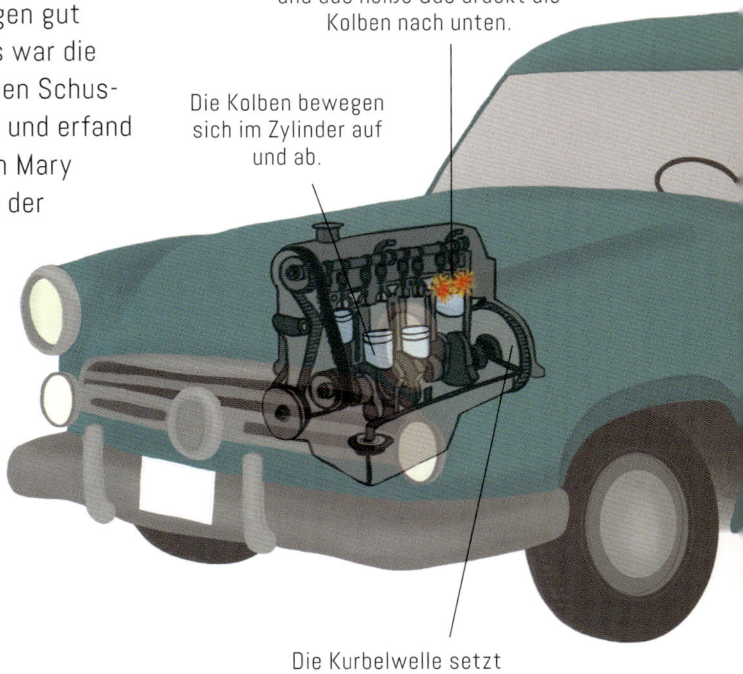

TELEGRAFIE UND DAS TELEFON

Ein Pferd im Galopp ist schnell – aber selbst mit seinen 30 bis 40 Kilometern pro Stunde hat es keine Chance gegen eine E-Mail, eine SMS oder eine Textnachricht in sozialen Netzwerken und Messenger-Diensten, die innerhalb von Sekunden Tausende Kilometer zurücklegen können. Trotzdem war viele Jahrhunderte lang ein Bote auf einem Pferd der schnellste Weg, um einen Brief oder eine Nachricht zu überbringen, selbst wenn es Tage dauerte. Einfache Nachrichten konnte man auch als Rauchzeichen senden, durch Signalfeuer auf Berggipfeln. Ab den 1790er-Jahren gab es die optische Telegrafie, die der Franzose Claude Chappe erfunden hatte: Mit den Armen des Telegrafenmasts oder durch Flaggenzeichen gab man eine Nachricht Buchstabe für Buchstabe weiter.

ELEKTRISCHE TELEGRAFIE

In den 1830er-Jahren entwickelten sowohl der Amerikaner Samuel Morse wie auch die Engländer William Cooke und Charles Wheatstone Systeme, die Nachrichten als elektrische Impulse senden konnten. Die Signale bewegten sich über Elektrodrähte mit Geschwindigkeiten, die weit über den Möglichkeiten der optischen und der physischen Übermittlung von Nachrichten lagen.

SAMUEL MORSE (1791–1872)

Samuel Morse entwickelte ein System aus langen und kurzen Elektroimpulsen, die für die Buchstaben des Alphabets standen. Anhand dieses Morse-Alphabets konnten geübte Fernmelder Nachrichten sehr schnell übermitteln, bis zu 50 Wörter in einer Minute.

KABEL ÜBER KABEL

Die elektrische Telegrafie beschleunigte die Nachrichten- und Informationsübermittlung gewaltig. Im Jahr 1860 gab es allein in den USA mehr als 80 000 Kilometer Telegrafenkabel. Sechs Jahre später wurde ein über 5000 Kilometer langes Telegrafenkabel am Boden des Atlantischen Ozeans verlegt. Nachrichten, die zuvor per Schiff zwischen Europa und Nordamerika Wochen gebraucht hatten, um an ihr Ziel zu gelangen, konnten nun innerhalb von Minuten versendet und empfangen werden.

DAS TELEFON

Während er eigentlich daran arbeitete, die Telegrafie zu verbessern, erfand Alexander Graham Bell im Jahr 1876 das erste Telefon. Ein Metalltrichter fing Schallwellen auf und wandelte die Schwingungen in elektrische Signale um, die per Kabel übermittelt werden konnten. Wenn das Signal das Telefon des Empfängers erreichte, wurde es durch einen Lautsprecher wieder in Schall umgewandelt. Das Telefon verbreitete sich schnell – im Jahr 1877 gab es die ersten Telefone in Deutschland und im Jahr 1900 waren es schon Millionen Telefone auf der ganzen Welt. Über Schalttafeln, an denen sogenannte »Telefonisten« Steckverbindungen herstellten, konnten die einzelnen Telefonleitungen miteinander verbunden werden. Da bald viele Frauen diesen Beruf ausübten, verbreitete sich der Begriff des »Fräuleins vom Amt«.

DIE EISENBAHN

Stell dir vor, es gäbe weder Autos noch Flugzeuge oder Schienenverkehr. Besuche bei Verwandten in anderen Städten, Kurzurlaube oder Wochenendtrips wären nicht möglich – alles wäre deutlich langsamer. So ging es den Menschen im 19. Jahrhundert. Sie nahmen nur ungern weite Strecken auf sich, denn von einem Ort zum anderen zu gelangen, dauerte sehr lang. Nicht nur die Menschen selbst, sondern auch Transportgüter wie Lebensmittel kamen auf Pferdekarren und Kutschen nur gemächlich voran, und Flusskähne, die größere Mengen von Gütern geladen hatten, erreichten selten mehr als eine etwas schnellere Schrittgeschwindigkeit.

DIE DAMPFLOKOMOTIVE

Die Idee, Dampfmaschinen zum Antrieb von Fahrzeugen einzusetzen, geht auf Bergbauingenieure zurück. Im Jahr 1804 konstruierte der Brite Richard Trevithick die erste einsatzfähige Dampflok für das Eisenwerk Pen-y-Darren in Wales. Später wurden ganze Züge für den Kohle- und Steintransport in Minen und Eisenwerken eingesetzt.

SCHNELL WIE EINE RAKETE

1829 gewann Robert Stephensons »Rocket« den Wettbewerb um die schnellste und zuverlässigste Lokomotive in England. 1930 wurde mit »Stephenson's Train« die erste öffentliche Bahnverbindung zwischen zwei Städten eröffnet. Sie erreichte eine Höchstgeschwindigkeit von 48 Stundenkilometern. Moderne Hochgeschwindigkeitszüge wie der französische TGV oder der japanische Shinkansen fahren mit 320 Stundenkilometern. Die erste Eisenbahn in Deutschland fuhr 1835 von Nürnberg nach Fürth.

GRANVILLE T. WOODS

Granville T. Woods, ein afroamerikanischer Ingenieur, entwickelte eine Reihe von Dingen, die das Bahnfahren schneller und sicherer machten; zum Beispiel ein Bremssystem, das mit Druckluft arbeitet. Außerdem ermöglichte seine Multiplex-Telegrafie ab dem Jahr 1887 den Informationsaustausch zwischen fahrenden Zügen und Bahnstationen. Auf diese Weise konnten die Entfernungen zwischen reisenden Zügen ermittelt und Zusammenstöße vermieden werden.

EIN VOLLER ERFOLG

Der Zugverkehr wurde weltweit zu einem durchschlagenden Erfolg, weil man mit ihm Güter und Menschen schnell von einem Ort zum anderen transportieren konnte. Im damaligen Deutschen Reich führte der Ausbau des Eisenbahnnetzes im Jahr 1893 zur flächendeckenden Einführung der MEZ (Mitteleuropäische Zeit). Bis zum Jahr 1900 gab es mehr als 300 000 Kilometer verlegte Gleise allein in den USA – genug, um damit über sieben Mal die Erde zu umrunden.

ELEKTRISCHES LICHT

Stell dir vor, es ist Stromausfall – und zwar immer. Vor der Erfindung des elektrischen Lichts wurde zwischen Sonnenauf- und Sonnenuntergang gearbeitet, denn danach kam die Dunkelheit und in ihr hielt man sich ungern draußen auf. Da die Straßen nur spärlich beleuchtet waren, hatten Diebe und andere krumme Gestalten es leicht, ungesehen davonzukommen. Bei flackerndem Kerzenschein und schummerigen Gas- oder Öllampen, die in den Häusern brannten, versuchten die Menschen zu lesen, zu putzen oder ihre Kleider zu flicken. Das Risiko, dass ein Feuer ausbrach, war sehr groß.

DIE BOGENLAMPE

Im Jahr 1807 schloss der englische Wissenschaftler Humphry Davy zwei Kohlenstäbe an eine Art frühe elektrische Batterie. Für kurze Zeit brachte die sogenannte »Bogenlampe« zwischen den beiden Kohlenstäben helles Licht hervor. Davys Experiment bewies, dass es Materialien gibt, die Licht erzeugen, wenn Strom durch sie fließt. Eine Weiterentwicklung der Bogenlampe wurde als erste elektrische Beleuchtung in großen Fabriken und als Straßenbeleuchtung in einigen Städten eingesetzt.

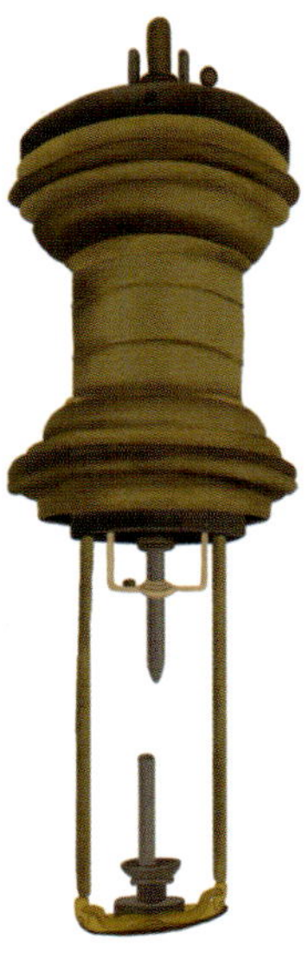

DIE GLÜHBIRNE

Die meisten Leute lebten weiterhin im Dunkeln – bis zur Entwicklung der Glühbirne, einem Glasgehäuse, in dem ein feiner Glühfaden durch Elektrizität so heiß wird, dass er zu glimmen beginnt. Im Jahr 1880, nach 20 Jahren Forschung, wurde das Haus von Joseph Swan in England das erste durch Glühbirnen beleuchtete Gebäude. Swans Glühbirnen hielten allerdings nur ein paar Stunden. In den späten 1870er- und frühen 1880er-Jahren führte Thomas Edison über 4000 Experimente durch und stellte dabei fest, dass Glühfäden aus Bambus bis zu 1200 Stunden halten konnten.

ES WERDE LICHT!

Mit den Glühbirnen war es möglich, Räume auf Knopfdruck zu erhellen – sicher und unkompliziert. Eine 60-Watt-Birne entspricht in etwa dem Licht von 100 Kerzen. Das erlaubte den Menschen, auch bei Dunkelheit zu arbeiten und ihren Aktivitäten nachzugehen. Mit dem Ausbau des Stromnetzes wurde es immer mehr Menschen möglich, in den Genuss des elektrischen Lichts zu kommen. Heutzutage wird die Glühbirne mehr und mehr von energiesparenden Leuchtsystemen abgelöst.

LICHT UND FARBE

Bevor der französische Forscher Georges Claude das Neonlicht erfand, gab es nur weißes oder leicht gelbliches Licht. Das erste Neonlicht erstrahlte 1910 in der Öffentlichkeit. Neonröhren enthalten ein Gas, das farbiges Licht produziert, sobald Elektrizität hindurchgeleitet wird. Neongas leuchtet rot, während Quecksilber blaues Licht hervorbringt. Früher wurde das Neonlicht für bunte Leuchtreklamen eingesetzt. Heute werden stattdessen moderne Technologien wie Leuchtdioden und farbiges Acrylglas verwendet.

LÖSCHFAHRZEUGE

»Feuer! Es brennt!« Dieser Ausruf war früher keine Seltenheit. Die Häuser in den Städten waren meist aus Holz und hatten Strohdächer. Gekocht wurde auf offenem Feuer und die Beleuchtung bestand aus Kerzen. War ein Feuer erst einmal ausgebrochen, konnte es sehr schnell auf die Nachbarschaft übergreifen, denn damals traf nicht innerhalb von Minuten die Feuerwehr mitsamt hoch technisiert Löschfahrzeug ein. Stattdessen standen zum Löschen lediglich Wassereimer zur Verfügung und Schutzkleidung war so gut wie unbekannt. So wurde im 17. Jahrhundert die Stadt Glasgow zu etwa 30 Prozent durch einen Brand zerstört, die japanische Stadt Edo (das heutige Tokio) zu rund 60 Prozent und Aachen zu über 80 Prozent.

WASSERSPRITZEN

Zur Bekämpfung von Bränden gab es zunächst kleine Handspritzen. Sie funktionierten ähnlich wie eine Luftpumpe: Man konnte einen bis zwei Liter Wasser damit ansaugen und in den Brand spritzen. In den 1720er-Jahren konstruierte der englische Erfinder Richard Newsham einen Spritzenwagen, dessen Tank 640 Liter Wasser fassen konnte. Mit vier bis zwölf Mann Besatzung, die durch einen Hebel das Wasser in einen Schlauch pumpte, konnte diese Feuerspritze über 300 Liter Wasser in der Minute ausstoßen.

HOCH HINAUS

Im Jahr 1829 erfand der englische Ingenieur John Braithwaite eines der ersten dampfbetriebenen Löschfahrzeuge. Es konnte einen Wasserstrahl bis zu 27 Meter hoch in die Luft spritzen – ideal, um Brände in hohen Häusern zu löschen. Bislang waren die Feuerwehrwagen von Pferden gezogen worden, was nicht gerade schnell ging. Ab 1900 aber gab es Löschfahrzeuge mit Verbrennungsmotoren, die blitzschnell vor Ort waren.

MIT SCHAUM GEGEN FEUER

Einige Brände, Ölbrände zum Beispiel, kann man nicht ohne Weiteres mit Wasser löschen. Im Jahr 1902 erfand der russische Lehrer Aleksandr Loran einen Schaum, der ein Feuer so vollständig bedecken konnte, dass es keinen Sauerstoff mehr bekam und der Brand erstickte. Die tragbaren, zylinderförmigen Feuerlöscher, die wir heute verwenden, arbeiten mit Treibgas und versprühen Pulver oder Schaum. Den ersten tragbaren Feuerlöscher aus Kupfer entwickelte im Jahr 1817 der englische Erfinder George Manby.

HYDRANTEN

Um einen großen Brand zu bekämpfen, braucht man sehr viel Wasser. Früher kamen den Feuerwehrleuten oft Menschenketten zu Hilfe, die die Wassereimer aus einem Fluss oder einem Teich von Hand zu Hand weiterreichten. Seit dem 19. Jahrhundert gibt es Hydranten. Sie sind mit einer der unterirdisch verlegten Hauptwasserleitungen der Städte oder Dörfer verbunden. An diese Hydranten können die Feuerwehrleute bei einem Brand ihre Schläuche anschließen, sodass das Löschwasser in ausreichender Menge und ohne Unterbrechung fließt.

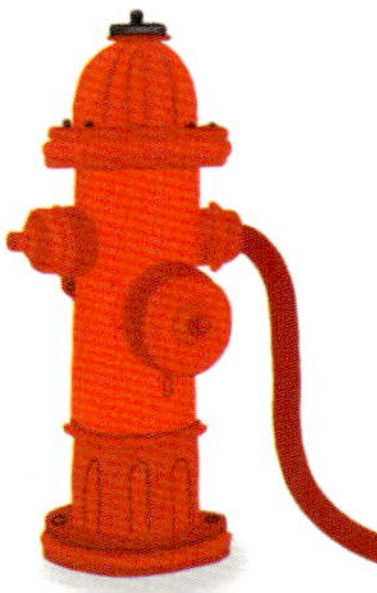

TEXTILINDUSTRIE

Die neuesten Fashion-Trends erkennen, die hippsten Klamotten shoppen und sich jeden Tag den Kopf darüber zerbrechen, was man bloß anziehen soll – diese Probleme kannten die Leute früher kaum. Falls man nicht zufällig sehr reich war, besaß man nur wenige Kleidungsstücke, denn Tuche und Stoffe waren sehr teuer. Alles wurde in Handarbeit hergestellt, meist von Familien auf dem Land. Mit einem einfachen Spinnrad wurde zunächst Schaf- oder Baumwolle zu dünnem Garn gesponnen, das dann mithilfe eines Handwebstuhls weiterverarbeitet wurde. Einen Meter Stoff oder Tuch herzustellen, dauerte oft stundenlang.

RICHARD ARKWRIGHT (1732–1792)

In den 1760er-Jahren entwickelte der britische Perückenmacher Richard Arkwright eine Spinnmaschine. Sie wurde über ein Wasserrad angetrieben und konnte große Mengen Garn herstellen. Im Jahr 1771 gründeten Arkwright und seine Geschäftspartner in Cromford eine Spinnerei und Weberei, für deren Betrieb Dampfmaschinen zum Einsatz kamen. Im Jahr 1783 entstand in Deutschland die erste Textilfabrik nach dem Vorbild der Fabrik in Cromford.

DER MASCHINENWEBSTUHL

Edmund Cartwright war eigentlich Pfarrer. Im Jahr 1785 aber erfand er einen Maschinenwebstuhl. Dieser wurde durch Wasserräder angetrieben und später durch Dampfmaschinen. Die Maschinenwebstühle konnten viel schneller weben als zuvor die Handwebstühle. Von nun an tüftelten eine ganze Reihe Ingenieure an einer Weiterentwicklung von Cartwrights Erfindung und im Jahr 1850 gab es allein in England über 250 000 Maschinenwebstühle.

DIE EGRENIERMASCHINE

Mit dem Aufschwung der Tuchindustrie stieg auch die Nachfrage nach den Rohstoffen – vor allem nach Baumwolle. Es war aber sehr zeitaufwendig, die Baumwolle zu reinigen und ihre Fasern von Samenkörnern zu befreien. Pro Tag schaffte ein Arbeiter weniger als ein Kilogramm. 1793 entwickelten Eli Whitney und Catherine Greene in den USA die Egreniermaschine Sie zog die Baumwollfasern mithilfe einer Reihe von Metallscheiben, die mit Haken versehen waren, durch feine Aussparungen, sodass die Samen zurückblieben. Auf diese Weise konnte mehr als 50-mal so viel Baumwolle wie bisher pro Tag gereinigt werden.

DIE TEXTILINDUSTRIE

All diese Neuerungen bedeuteten, dass nun viel mehr Tuch als bisher produziert werden konnte. In den Ländern, die Baumwolle anbauten, wie zum Beispiel Indien und den USA, und in den Zentren der Tuchherstellung wie Großbritannien und Frankreich boomten der Handel und die Häfen. Als die Tuchherstellung sich zur Großindustrie entwickelte, zogen Tausende Menschen vom Land in die Städte, um in den dortigen Häfen und Tuchfabriken Arbeit zu finden.

TOILETTEN UND HYGIENE

Über manche Dinge macht man sich selten Gedanken – zum Beispiel wie praktisch unsere moderne Klospülung doch ist! Ein Knopfdruck, und schon ist alles weg, es stinkt nicht mehr und wird hygienisch entsorgt. Früher waren viele Städte bedeutend schmutziger als heute und es stank. Es gab noch kein Kanalsystem, um das Abwasser aus den Häusern zu transportieren. Darum benutzte man, wenn man zur Toilette musste, eine spezielle Schüssel mit einem Griff, einen Nachttopf. Den leerte man in einen Fluss, in eine offene Grube, die sogenannte Jauchegrube, oder kippte ihn einfach aus dem Fenster über der Straße aus. Pech für den, der gerade vorbeiging! Die Jauchegruben mussten regelmäßig geleert werden. Ihren stinkenden Inhalt brachte man als Dünger auf die Bauernhöfe. Wenn Teiche und Flüsse in der Nähe lagen, verschmutzten sie dadurch oft und wurden zu Brutstätten von Krankheitserregern.

CLEVER GELÖST

Schon vor über 4000 Jahren gab es Völker, die Toiletten und Abwassersysteme bauten. Die Städte im Tal des Flusses Indus besaßen Toiletten aus Fels und Ziegelsteinen. Unter den Toiletten verliefen Kanäle und Rohre aus gebranntem Ton, durch die die Hinterlassenschaften aus den Häusern und der Stadt gespült wurden. Im antiken Rom gab es Gemeinschaftstoiletten, einer neben dem anderen saß dort in der Reihe auf dem Klo. Da es noch kein Toilettenpapier gab, säuberte man sich mit einem Schwamm, der an einer Stange befestigt war.

SIR JOHN HARINGTON

Gegen Ende des 16. Jahrhunderts erfand Sir John Harington eine Wasserspültoilette, die er »Ajax« nannte. Er führte sie seiner Patin vor, bei der es sich zufällig um die englische Königin Elizabeth I. handelte. Wenn man an dieser Toilette einen Hebel nach oben zog, öffnete man damit in einem Wassertank einen Verschluss aus einem Stück Leder. Das Wasser floss heraus und spülte die Hinterlassenschaften aus der Toilette hinaus in einen Abfluss.

GEGEN ÜBLE GERÜCHE

Erst rund 200 Jahre später konnte sich die Wassertoilette durchsetzen – mit einer entscheidenden Verbesserung: 1775 erfand der schottische Uhrmacher Alexander Cumming eine Spültoilette mit einem Rohr, das unter der Schüssel s-förmig gebogen war. In diesem Rohr stand immer ein wenig Wasser, sodass keine üblen Gerüche aus dem Abflussrohr aufsteigen konnten.

KANALSYSTEME FÜR DIE GESUNDHEIT

Im 19. Jahrhundert kamen die Wissenschaftler allmählich dahinter, dass schmutziges Wasser Krankheiten verursachen kann. Im Jahr 1855 entdeckte der englische Wissenschaftler John Snow, dass sich die Cholera durch verunreinigtes Wasser ausgebreitet hatte. Nun bauten viele Städte Kanalsysteme, die das Abwasser ableiteten und es nicht mit Trinkwasser in Kontakt kommen ließen. Dies bewirkte, dass die Menschen seltener an Infektionen wie Typhus, Cholera und Ruhr erkrankten und so eine höhere Lebenserwartung hatten.

DIE DRUCKERPRESSE

Heutzutage erfahren wir über die Zeitung, das Fernsehen oder das Smartphone blitzschnell, wenn irgendwo auf der Welt etwas Bedeutendes geschieht. Bevor der Buchdruck erfunden wurde, kursierten Nachrichten und Informationen hauptsächlich von Mund zu Mund. Manchmal wurden wichtige Bekanntmachungen an belebten Stadtplätzen angeschlagen oder durch einen Ausrufer öffentlich vorgelesen. Bücher erschienen nur in sehr geringer Stückzahl, da sie meist von Mönchen oder Schreibern von Hand angefertigt wurden und somit sehr teuer waren. Aus all diesen Gründen verbreiteten sich Nachrichten, wissenschaftliche Entdeckungen und Erkenntnisse oft nur sehr langsam.

BEWEGLICHE LETTERN

Ein erstes Druckverfahren mit geschnitzten Holzbuchstaben wurde vor über 1000 Jahren in China entwickelt. Ab dem 13. Jahrhundert verwendeten die Koreaner einzelne Buchstaben aus Metall. In einem Rahmen fügten sie diese beweglichen »Lettern« zu Wörtern zusammen und bestrichen alles mit Tinte. Dann presste man den Rahmen auf Papier und erhielt so eine gedruckte Seite. Anschließend konnte man die Wörter zu einer neuen Druckseite anordnen. Auf diese Weise ließen sich bedeutend schneller als zuvor von Hand mehrere Exemplare eines Buchs herstellen.

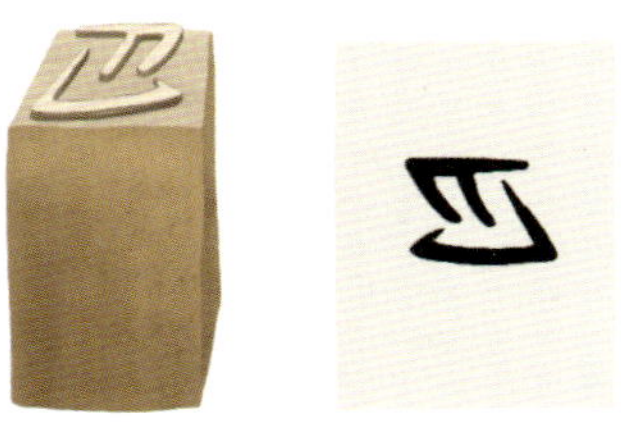

JOHANNES GUTENBERG

In Europa erfand der deutsche Goldschmied Johannes Gutenberg um 1450 ein Druckverfahren mit beweglichen Lettern. Er baute eine Druckerpresse nach dem Vorbild landwirtschaftlicher Pressen, die man für die Verarbeitung von Trauben und Oliven verwendete. Außerdem erfand er eine auf Öl basierende Tinte, die gut auf Papier haftete. Gutenbergs Erfindung verbreitete sich rasch in ganz Europa. Reich wurde der Goldschmied dadurch allerdings nicht.

DRUCKEN UNTER VOLLDAMPF

1812 erfanden zwei Deutsche, Andreas Bauer und Friedrich Koenig, eine Druckerpresse, die von einer Dampfmaschine angetrieben fünfmal schneller als bisherige Pressen drucken konnte. Auf ihr entstand 1814 die erste Ausgabe der Zeitung »The Times«. Bücher und Zeitungen konnten nun bedeutend günstiger hergestellt werden. Schon 50 Jahre später gab es die ersten »Taschenbücher«.

BÜCHER FÜR BLINDE

Schon als Teenager entwickelte der blinde Franzose Louis Braille im Jahr 1824 ein geniales Schreibsystem. Für jeden Buchstaben und jede Ziffer ordnete er bis zu sechs Punkte in einer bestimmten Form an. Wenn diese Buchstaben auf Papier geprägt werden, können Menschen mit Sehbehinderungen sie mit ihren Fingerspitzen ertasten und auf diese Weise lesen.

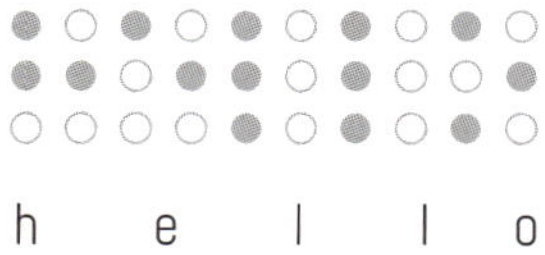

DAS SCHIESSPULVER

Stell dir vor, du hast vor rund 1000 Jahren mit deinen Soldaten eine Burg eingekesselt. Jetzt braucht ihr viel Geduld, denn wenn die Mauern dick genug waren, konnte eine Belagerung Wochen oder Monate dauern. Vor der Erfindung des Schießpulvers waren Belagerungsgeräte die einzige Möglichkeit, in die Burg einzudringen: Katapulte und Schleudern aus Holz, die Felsbrocken gegen die Mauern knallten, oder Rammböcke, mit denen man die Burgtore zu durchbrechen versuchte. Die Soldaten waren mit Schwertern und Speeren, Pfeil und Bogen und Armbrüsten ausgerüstet, aber gegen die dicken Steinmauern konnte man mit diesen Waffen nur wenig ausrichten.

DAS SCHWARZPULVER

Schon um das Jahr 850 experimentierten chinesische Wissenschaftler mit einer Mischung aus Salpeter, Holzkohle und Schwefel. Das daraus entstandene Schwarzpulver, eine Art Schießpulver, loderte heftig auf, wenn man es entzündete, und wurde zunächst für Brandpfeile verwendet. Mit mehr Salpeter brachte das Gemisch sogar Explosionen hervor. Etwa ab dem 11. Jahrhundert benutzten chinesische Soldaten mit Schießpulver gefüllte Bambusrohre, um Pfeile oder scharfe Metallteile auf ihre Feinde zu schießen.

SPRENGUNGEN

Auch in Friedenszeiten fanden die Menschen Verwendung für das Schießpulver. Im Jahr 1627 bohrte der ungarische Ingenieur Caspar Weindel Löcher in einen Felsen und füllte sie mit Schießpulver. Das entzündete Schießpulver schaffte es, den Fels zu sprengen. Diese Technik wurde vermehrt in Steinbrüchen und im Bergbau eingesetzt.

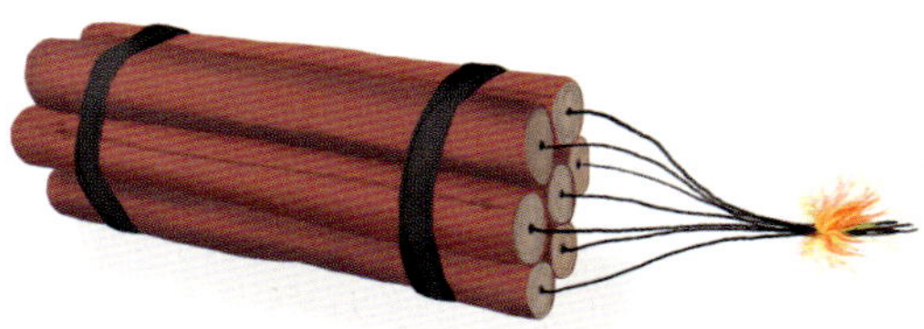

KANONEN

Einige europäische Armeen setzten bereits ab Mitte des 14. Jahrhunderts Kanonen in Schlachten ein. Aus massiven Eisen- oder Bronzerohren, die mit einer Ladung Schießpulver gefüllt waren, feuerten sie mit großer Wucht schwere Stein- oder Metallkugeln auf ihre Feinde.

MAUERBRECHER

Als die osmanischen Truppen im Jahr 1453 die Stadt Konstantinopel angriffen, verwendeten sie gigantische Bronzekanonen, die ein ungarischer Ingenieur namens Orban entwickelt hatte. Tatsächlich rissen diese Riesenkanonen die Stadtmauern von Konstantinopel nieder und verhalfen den Osmanen zum Sieg. Von nun an boten auch die dicksten Mauern der Burgen und Städte keinen sicheren Schutz mehr gegen feindliche Angriffe.

DER KOMPASS

Schon vor Tausenden von Jahren fuhren die Menschen zur See. Damals steckte das Leben als Seefahrer voller Gefahren. Die hölzernen Schiffe und Boote waren zwar recht stabil, aber wie sollte man ohne GPS, Kompass, Radio oder genaue Karten und Routen den richtigen Weg finden? Die Seeleute versuchten die Orientierung zu behalten, indem sie nur kurze Strecken zurücklegten und nur tagsüber fuhren. Dabei hielten sie sich möglichst in Sichtweite des Ufers, sodass sie die Landmarken der Küste erkennen konnten. Manchmal folgte man auch Vogelschwärmen oder versuchte sich nachts anhand der Position der Sterne zu orientieren. Viele Schiffe und Boote verfuhren sich dabei und einige erreichten nie ihr Ziel.

DER KOMPASS

Die Erde ist von einem Magnetfeld umgeben. Wenn sich ein Magnet frei bewegen kann, zeigt eines seiner Enden, der sogenannte Nordpol, immer nach Norden. Chinesische Wissenschaftler entdeckten dieses Phänomen vor mehr als 2200 Jahren, als sie auf ein magnetisches Eisenmineral stießen, den Magneteisenstein, auch Magnetit genannt. Die chinesischen Baumeister benutzten löffelartig geformte Magneteisensteine als Kompass. Mit dessen Hilfe richteten sie ein Haus oder einen Tempel beim Bau so aus, dass die Vorderseite in eine Richtung blickte, die eine glückliche Zukunft versprach.

KOMPASS AHOI!

Bis der Kompass seinen Weg auf das Wasser fand, dauerte es mehr als 1000 Jahre. Die ersten Kompasse der chinesischen Handelsschiffe und später der arabischen und europäischen waren Eisennadeln, die man an einem Magneteisenstein gerieben hatte, um sie magnetisch aufzuladen. Dann wurde die Nadel in einer Schüssel mit Wasser auf einen Strohhalm gelegt, sodass sie sich Richtung Norden drehen konnte.

DER STERNHÖHENMESSER

Mithilfe eines Sternhöhenmessers aus Messing maßen die Seefahrer schon im 15. Jahrhundert den Winkel zwischen ihrem Schiff und der Sonne oder einem Stern am Nachthimmel. So konnten sie den Breitengrad bestimmen und feststellen, wie weit nördlich oder südlich sich das Schiff auf dem Meer befand. Heute stehen den Schiffen eine Reihe elektronischer Instrumente zur Verfügung. Außerdem halten sie Funkkontakt mit den Häfen, um ihre Position jederzeit genau bestimmen zu können.

DAS ZEITALTER DER ENTDECKUNGEN

Der Sternhöhenmesser und der Kompass entfachten sowohl bei asiatischen als auch europäischen Seefahrern die Lust und die Neugierde zur Erforschung der Meere und ferner Länder. Im Jahr 1498 entdeckte der Portugiese Vasco da Gama eine Meeresroute von Europa um Afrika herum nach Indien. Spanische Seefahrer befuhren den Atlantischen Ozean und stießen so, neben Inseln in der Karibik, auch auf Zentralamerika. Die Expeditionen in die fremden Länder brachten neue, unbekannte Nahrungsmittel nach Europa, zum Beispiel die Kartoffel, die Ananas und die Tomate.

PAPIER

Obwohl heutzutage viele Daten bereits in digitaler Form vorliegen, können wir uns ein Leben ohne Papier wohl kaum vorstellen. Es gäbe keine Bücher, keine Zeitungen, kein Klopapier und keine Bedienungsanleitungen. Vor der Erfindung des Papiers schrieb und malte man auf alle möglichen Materialien: auf Baumrinde, gepresste Palmblätter, auf Tontäfelchen, Tonscherben und kostbare Seide. Die römischen Schulkinder ritzten ihre Schulaufgaben meistens mit einem spitzen Holzstift auf mit Wachs überzogene Holztafeln. Anstelle von Büchern gab es in den Schulen Schriftrollen aus Papyrus-Gras, das zu langen Bögen geklopft und getrocknet worden war, aber selbst die waren selten.

LEICHT UND BILLIG

Das Papier entstand in China. Der erste bekannte Papierhersteller war ein Beamter des chinesischen Hofes. Er lebte um das Jahr 104 und hieß Ts´ai Lun. Es stellte sich heraus, dass sein Papier weniger wog und billiger und einfacher herzustellen war als andere beschreibbare Materialien. Die Erfindung war so gut, dass die chinesischen Kaiser sie jahrhundertelang geheim hielten. Erst um 600 bis 800 verbreitete sich das Papier im übrigen Asien und erst Jahrhunderte später kam es nach Europa.

DIE PAPIERHERSTELLUNG

Früher stellte man Papier her, indem man Pflanzenfasern, zum Beispiel Baumrinde und Holzschnitzel, mit sogenannten Hadern oder Lumpen (alte, zerrissene Stoffstücke aus Leinen, Hanf oder Baumwolle) in Wasser einweichte, bis ein Brei entstand. Dieser wurde auf einen Rahmen gestrichen, gepresst und zum Trocknen in die Sonne gehängt oder gelegt. Das Endresultat war ein Bogen miteinander verklebter Fasern, die ein biegsames und leicht zu beschriftendes Material bildeten: das Papier.

GELDSCHEINE

Im alten China bezahlte man mit Kupfermünzen, die man auf eine Schnur aufgefädelt bei sich trug. Diese Geldschnur konnte allerdings sehr schwer und unhandlich werden, sodass die Kaufleute und reichen Leute ihre Münzen bei einer Person ihres Vertrauens hinterlegten. Dafür erhielten sie ein Stück Papier mit dem Versprechen, dass sie ihr Geld zurückbekommen würden. Um 960 wurden die Kupfermünzen in China knapp. Daher begann die chinesische Regierung ähnliche, bedruckte Papierstücke herauszugeben. Sie hießen »Jiaozi« und waren die ersten Geldscheine.

AB INS KLO!

Auch das Toilettenpapier wurde in China erfunden. Im Jahr 1391 produzierte das chinesische Büro für den kaiserlichen Bedarf 720 000 Blatt für den Kaiser und seine Familie. Alle anderen benutzten Moos, Lumpen, Blätter oder ihre Hände. Erst im Jahr 1880 stellte eine amerikanische Firma die erste Klopapierrolle her. Heute verbraucht in Deutschland jeder Einwohner rund 15 Kilogramm Klopapier pro Jahr, das entspricht etwa 140 Rollen.

BAUMASCHINEN

Auf einer ägyptischen Baustelle wuselte es wie in einem Ameisenhaufen. Da es noch keine schweren Geräte wie Kräne oder Planierraupen gab, mussten alle Arbeiten von Menschenhand geleistet werden – und dazu brauchte es viele Tausende Arbeiter! Sie mussten beispielsweise gigantische Steinquader brechen, glätten und transportieren, mit denen die Tempel und Pyramiden gebaut wurden. Die Große Pyramide von Gizeh besteht aus unfassbaren 2,3 Millionen Kalksteinblöcken, von denen jeder einzelne mindestens 2,5 Tonnen auf die Waage bringt. Deren Fertigstellung mit nichts als den eigenen Händen ist eine geradezu übermenschliche Leistung! Im Gegensatz dazu waren die Unterkünfte der Arbeiter sehr viel kleiner und einfach gebaut, nämlich aus sonnengetrockneten Ziegelsteinen.

KRÄNE

Um Steinblöcke leichter und schneller anheben zu können, erfanden die Griechen vor rund 2600 Jahren die ersten Kräne: eine Konstruktion aus einem Holzgerüst mit Seilen. Antike römische Ingenieure, die noch schwerere Lasten heben wollten, entwickelten nach und nach den sogenannten Polyspastos. Dieser Riesenkran wurde durch Menschen in einem Laufrad bewegt und konnte Gewichte bis zu 6000 Kilogramm in die Höhe hieven.

DER ERFINDER ARCHIMEDES (ca. 287–212 v. Chr.)

Die Entwicklung des ersten Flaschenzugs wird dem griechischen Mathematiker und Erfinder Archimedes zugeschrieben. Beim Flaschenzug windet sich das Zugseil um eine Reihe von Rollen. Dadurch verlängert sich der Zugweg, den das Seil zurücklegen muss, um ein Gewicht auf eine bestimmte Höhe zu heben – aber man braucht dazu deutlich weniger Kraft. Mit Flaschenzügen an den Kränen konnte man noch schwerere Gewichte heben als zuvor. Die Kraft dazu kam von Zugtieren, zum Beispiel von Ochsen.

BETON

Beton ist eine Mischung feiner Gesteinskörner, die mit Zement gebunden werden. Eine Reihe antiker Zivilisationen wussten dies bereits und nutzten Beton für ihre Bauvorhaben. Doch es waren die Römer, die im Jahr 200 v. Chr. herausfanden, dass das Hinzufügen einer Vulkanasche, der Puzzolanerde, den Beton härter und wasserabweisender macht.

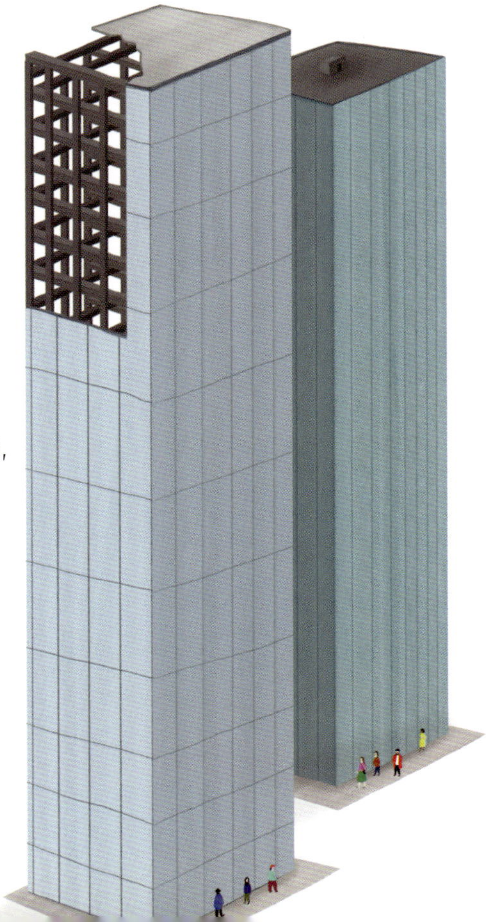

MODERNE MATERIALIEN

In den 1850er-Jahren entwickelte Henry Bessemer ein Verfahren, mit dem sich Stahl in großen Mengen und günstig herstellen ließ. Damit wurde Stahl zu einem beliebten Baumaterial. Man verwendete ihn als Skelett für Hochhäuser und als Gitter in Betonplatten, die den Beton zusätzlich verstärken. Daraus wuchsen die ersten Wolkenkratzer in die Höhe.

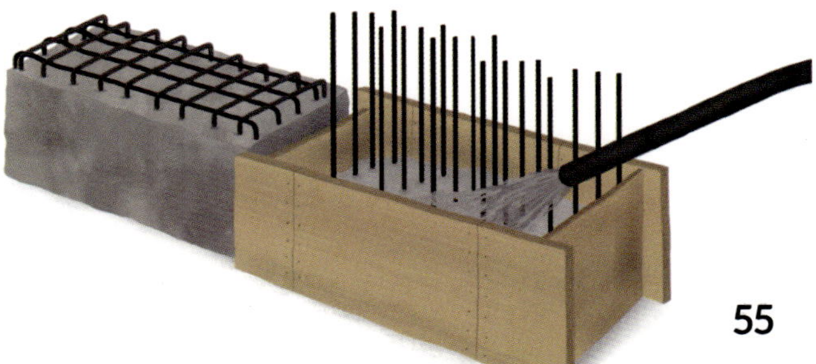

DAS RAD

Kaum vorstellbar, aber selbst das Rad musste erst mal erfunden werden. Vor dessen Erfindung holte man sich beim Transport schwerer Dinge einen krummen Rücken, denn Lasten wie Feuerholz oder die Getreideernte mussten in Bündeln auf dem Rücken getragen oder mit Seilen über den Boden gezogen werden. Selbst mit der Hilfe von Lasttieren, Ochsen zum Beispiel, ging der Transport von großen Gegenständen wie Steinblöcken oder Holzstämmen nur langsam voran und war mühsam und anstrengend. Darum wurden die meisten Dinge nicht besonders weit transportiert.

EINE RUNDE SACHE

Die allerersten Räder wurden vor über 5500 Jahren in Mesopotamien erfunden. Es waren Töpferscheiben. Die Menschen trieben sie von Hand an und formten darauf Ton zu runden Gefäßen. Später kam ein heller Kopf auf die Idee, zwei Töpferscheiben hochkant nebeneinanderzustellen und sie mit einer Achse zu verbinden. Das Ergebnis war eine Konstruktion, die rollen konnte, anstatt über den Boden zu rutschen – was bedeutend weniger Zugkraft erforderte.

INS ROLLEN GEBRACHT

Etwa um 3150 v. Chr. kamen im Mittleren Osten und in Europa Wagen und Karren mit zwei Rädern in Mode. Plötzlich ließen sich mithilfe von Lasttieren wie Ochsen selbst schwer beladene Wagen mühelos bewegen.

SCHNELLER!

Die ersten Räder waren dicke, schwere Holzscheiben. Diese wurden vor rund 4000 Jahren von Rädern mit Speichen abgelöst. Durch sie konnte man bedeutend leichtere und damit schnellere Fahrzeuge bauen. Vor etwa 3700 Jahren wurden in einer Schlacht zwischen den antiken Völkern der Hyksos und der Hethiter zum ersten Mal zweirädrige Wagen eingesetzt, die von Pferden gezogen wurden.

REIFEN

Jahrhundertelang baute man Räder aus Metall oder Holz. Sie funktionierten zwar, versprachen jedoch eine holprige Fahrt. Im Jahr 1845 erfand der schottische Ingenieur Robert W. Thomson einen luftgefüllten Gummireifen. Er setzte sich aber nicht durch, bis John Boyd Dunlop, ebenfalls Schotte, 43 Jahre später eine neue Version entwickelte. Die Luftreifen federten das Holpern und Rumpeln auf unebenen Wegen ab, sodass die Fortbewegung auf Rädern angenehmer und bequemer wurde.

LANDWIRTSCHAFT

Vor 15 000 Jahren gab es natürlich weder Supermärkte noch Cafés oder Restaurants. Nicht einmal Bauernhöfe mit Ackerbau und Viehzucht gab es. Die Menschen waren Jäger und Sammler. Du konntest also auf die Suche nach Beeren, Knollen, Früchten und anderen Naturprodukten gehen. Oder du konntest fischen und auf die Jagd nach Tieren jeglicher Größe, sogar bis hin zu den gigantischen Mammuts, gehen. Hierfür verwendete man Steine oder spitz geschnitzte Äste als Speere. Die Menschen waren Nomaden, sie lebten immer nur kurze Zeit am selben Ort und folgten den Tieren, die mit den Jahreszeiten ihre Weideplätze wechselten.

DIE ERSTEN BAUERN

Vor über 10 000 Jahren fingen die Menschen erstmals junge wilde Ziegen, Schweine und Schafe ein. Sie zähmten und züchteten sie und versorgten sich so mit Milch und Fleisch. Im Mittleren Osten begannen die Menschen, Pflanzensamen auszusäen und Getreide anzubauen, vor allem Weizen, Kichererbsen und Gerste. Nachdem die Menschen begonnen hatten, Landwirtschaft zu betreiben, änderte sich ihr Lebensstil. Sie konnten nun fast das ganze Jahr am selben Ort bleiben.

DER RITZPFLUG

Vor 7500 bis 8000 Jahren gingen die Menschen in Mesopotamien (dem heutigen Irak) dazu über, ihre Felder nicht mehr nur mit einem Stock, sondern mit einer hölzernen Konstruktion zu bearbeiten, dem Ritzpflug. Dieser Pflug, der zum Beispiel von Ochsen bewegt wurde, besaß eine Holzspitze, die eine Furche im Boden hinterließ. In dieser Furche konnte man säen und pflanzen. Der Pflug vereinfachte die Nutzung größerer Flächen, sodass umfangreichere Ernten eingefahren und mehr Menschen ernährt werden konnten.

BEWÄSSERUNG

Die ersten Bauern verließen sich auf den Regen oder darauf, dass in der Nähe verlaufende Flüsse ihre Felder von Zeit zu Zeit überfluteten und auf diese Weise ihre Anbauflächen bewässerten. Vor rund 8000 Jahren begannen die Sumerer Kanäle und Gräben auszuheben, um damit Wasser aus den Flüssen auf ihre Felder zu leiten. Später begann man das Wasser für trockene Zeiten auch in Teichen und Wasserbecken zu speichern. Mit der Bewässerung des Landes konnte vor allem in heißen, trockenen Gegenden mehr und mehr Landwirtschaft betrieben werden.

DER DRESCHFLEGEL

Die Völker der Antike fanden auch einen Weg, aus Getreide Mehl für Brot zu gewinnen. Es war allerdings eine zeitraubende und mühselige Arbeit, die Weizen- und Gerstenkörner von den Ähren zu trennen – bis zur Erfindung des Dreschflegels vor etwa 5000 Jahren. Ein Dreschflegel besteht aus zwei Hölzern, die mit einem Strick oder einem Lederriemen flexibel miteinander verbunden sind. Damit schlägt man auf das Getreide ein, wodurch sich das Korn von den übrigen Pflanzenteilen trennt. Ein moderner Mähdrescher drischt tausendmal mehr Korn als ein Dreschflegel.

DER BLICK IN DIE ZUKUNFT

Ist es nicht toll, wie sich die Menschheit entwickelt hat? In ziemlich kurzer Zeit, verglichen mit der Erdgeschichte, haben wir gelernt, unsere Umgebung zu gestalten. Wir haben die faszinierendsten Materialien und Apparate entwickelt und uns eine riesige Bandbreite von Möglichkeiten, zu leben, zu arbeiten, zu reisen und uns zu entspannen, geschaffen. Wie anders wäre unser Leben ohne all die genialen Erfindungen und Entdeckungen, die du in diesem Buch erfahren hast!

Aber die Geschichte der Entdeckungen und Neuerungen ist noch längst nicht zu Ende. Auch heute arbeiten Wissenschaftler, Ingenieure, Erfinder und Tüftler an Produkten und Prozessen, die unser Leben vielleicht schon morgen entscheidend verändern.

Wir können nicht in die Zukunft sehen, aber wir können davon ausgehen, dass die Menschheit auch in den kommenden Jahren weitere Fortschritte machen wird. Vielleicht haben wir schon bald überall umweltfreundlich betriebene Fahrzeuge, Gebäude aus ganz neuen Baustoffen und Roboter mit künstlicher Intelligenz. Aber was die Zukunft auch bringen wird – alle kommenden Entwicklungen basieren auf den vielen Erfindungen und Entdeckungen der Vergangenheit.

GLOSSAR

ANÄSTHETIKUM
Ein Mittel, das Ärzte einsetzen, damit man während einer Operation keinen Schmerz empfindet.

BAKTERIEN
Winzige einzellige Lebewesen, die unter verschiedensten Bedingungen existieren. Es gibt viele gute Bakterien. Der menschliche Körper beherbergt eine ganze Reihe davon. Aber es gibt auch gefährliche Bakterien, die Krankheiten auslösen können.

BAUMWOLLE
Die Samenhaare einer Pflanze. Man kann aus ihnen Verbandsmaterial und Textilien herstellen.

BLUTBANK
Eine Lagerstätte für Blutkonserven.

BRONZE
Eines der ersten von Menschen erzeugten Metalle. Es eignet sich zur Herstellung von Waffen und Kunstobjekten.

DAMPFMASCHINE
Eine Maschine, bei der in einem Wasserkessel durch Hitze Dampf erzeugt wird. Die im Dampf enthaltene Wärmeenergie wird mit einem Kolben in mechanische Arbeit umgesetzt. Dampfmaschinen kamen als Fahrzeuge, bei Schiffen und als Antrieb von Fabrikmaschinen zum Einsatz.

EXPERIMENT
Ein wissenschaftlicher Versuch, um neue Methoden oder Techniken zu erforschen und zu testen. Oft gehen einer Erfindung viele missglückte Experimente voraus.

INFEKTION
Die Besiedelung des Körpers durch gefährliche Bakterien oder Keime, die zu einer Erkrankung führen.

KAPAZITÄT
Ein Begriff für Leistungskraft oder Größe. Bei der digitalen Datenverarbeitung bezeichnet die Kapazität die Höhe der Datenmenge, die ein Speichermedium aufnehmen kann.

KOLBEN
Ein Metallbolzen, der sich im Zylinder eines Motors auf und ab bewegt.

MAGNETISMUS
Die Anziehung und Ausrichtung metallischer Gegenstände durch ein magnetisches Kraftfeld. Die Polkappen der Erde sind magnetisch. Die Nadel eines Kompasses richtet sich immer zum Nordpol.

NAVIGIEREN
Etwas steuern oder lenken.
Auch: den Weg finden. Der Begriff stammt aus der Seefahrt.

PAPYRUS
Eine Graspflanze, aus der durch Flachklopfen und Trocknen ein beschreibbares Material gewonnen werden kann.

PROGRAMMIEREN
Die Erstellung einer Befehlsfolge, die ein Computer oder ein anderes digitales Gerät ausführen soll.

REIBUNG
Der Widerstand, der auf einer Oberfläche oder einem Objekt entsteht, wenn es über ein weiteres bewegt wird. Reibung verlangsamt die Bewegung eines Objekts.

ROBOTER
Eine Maschine, die präzise oder anspruchsvolle Arbeiten weitgehend selbstständig, mit nur wenig oder ohne menschliche Aufsicht ausüben kann.

RÖNTGEN
Ein Verfahren, bei dem ein Körper unter Verwendung eines Röntgenstrahlers durchstrahlt und auf einem Bild dargestellt wird.

SATELLITEN
Künstliche Himmelskörper, die die Erde umkreisen und verschiedene Aufgaben erledigen, zum Beispiel die Vermessung der Erdoberfläche oder die Weiterleitung von Computerdaten und TV-Signalen.

SCHALLWELLEN
Jede Art von Geräusch wird durch Schallwellen wahrnehmbar.

SCHWEISSEN
Die Verschmelzung von Metalloberflächen durch sehr hohe Temperaturen.

STANDARDISIEREN
Vereinheitlichung, zum Beispiel von Bauteilen, Maßeinheiten oder Fertigungsverfahren. So werden Bauteile austauschbar und Verfahren vergleichbar.

TRANSISTOR
Ein kleines elektronisches Bauteil, das als Schalter oder Verstärker dient. Auf einen Mikrochip passen Millionen Transistoren.

VERBRENNUNG
Eine chemische Reaktion, bei der durch Treibstoff, Sauerstoff und Hitze oder einen Zündfunken Energie freigesetzt wird.

VERDUNSTEN
Die Umwandlung einer Flüssigkeit in Gas oder Dampf.

ZEITSTRAHL

3150 v. Chr.
In einigen Gebieten Europas und des Mittleren Ostens entstehen die ersten Fahrzeuge mit Rädern.

400 v. Chr.
Die Griechen bauen die ersten Kräne. Durch sie können schwere Lasten leichter gehoben werden.

200 v. Chr.
Die Römer entwickeln durch die Beimischung von Vulkanasche einen widerstandsfähigen Beton.

100–200 v. Chr.
In China wird mit einem Magneteisenstein, der nach Norden zeigt, der erste Kompass erfunden.

104 n. Chr.
Der chinesische Beamte Ts´ai Lun beschreibt als Erster die Herstellung von Papier.

1807
Humphry Davy erfindet die Kohlenbogenlampe.

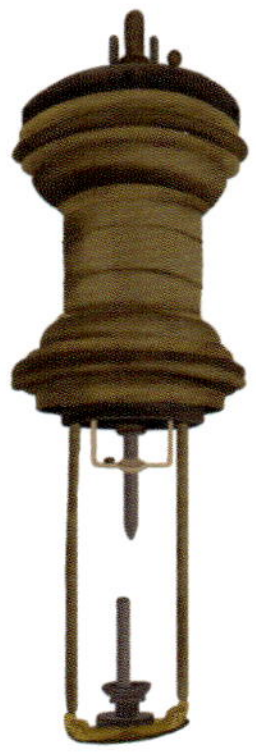

1817
Der englische Erfinder George Manby baut den ersten tragbaren Feuerlöscher.

1824
Der Franzose Louis Braille entwickelt ein Lese- und Schreibsystem für Menschen mit Sehbehinderung.

1830
Zwischen den englischen Städten Manchester und Liverpool wird die erste Eisenbahnverbindung eröffnet. Eine Dampflok befördert Menschen und Güter.

1837
Der Amerikaner Samuel Morse und die Briten William Cooke und Charles Wheatstone entwickeln die ersten praxistauglichen Telegrafie-Systeme, mit denen man Nachrichten versenden und empfangen kann.

1901
Hubert Cecil Booth baut in Großbritannien den ersten Staubsauger mit Motor.

1903
Die Brüder Orville und Wilbur Wright führen den ersten Motorflug durch.

1910
Der französische Ingenieur Georges Claude entwickelt das Neonlicht.

1913
In den USA stellt Henry Ford das erste Fließband für die Massenproduktion von Autos vor.

1925
Der Schotte John Logie Baird überträgt mit seinem mechanischen Fernsehgerät die ersten bewegten Bilder.

1961
In einer amerikanischen Autofabrik kommt mit »Unimate« der erste Industrieroboter zum Einsatz.

1964
In Japan nimmt auf der Strecke zwischen Tokio und Shin-Osaka der erste Shinkansen-Hochgeschwindigkeitszug seinen Dienst auf.

1971
Der Amerikaner Ted Hoff erfindet bei der Firma Intel einen Mikroprozessor – ein komplettes Rechensystem auf einem winzigen Chip.

1978
Die USA installieren versuchsweise den ersten Satelliten für das Global Positioning System (GPS).

1983
Das erste Mobiltelefon, produziert von der US-Marke Motorola, kommt auf den Markt.

850
Die Chinesen entwickeln das Schießpulver. Zunächst dient es als Feuerwerk, später als Waffe.

1450
Johannes Gutenberg baut die erste europäische Druckerpresse mit beweglichen Lettern.

1590er-Jahre
In England erfindet Sir John Harington die erste Toilette, die mit Wasser spült.

1785
Der Engländer Edmund Cartwright erfindet den Maschinenwebstuhl. Das Weben von Tuch wird entscheidend beschleunigt.

1793
Eli Whitney und Catherine Greene entwickeln die Egreniermaschine, die Baumwolle schneller als von Hand reinigt. Die Baumwollindustrie erlebt einen Aufschwung.

1868
Der freiwillige Feuerwehrmann Daniel D. Hayes aus New York konstruiert eine auf 10 Meter Höhe ausfahrbare Leiter, die auf dem Löschfahrzeug mitgeführt werden kann.

1877
Die ersten öffentlichen Telefonleitungen gehen in Betrieb.

1885
Der deutsche Ingenieur Karl Benz baut das erste Auto mit einem internen Verbrennungsmotor.

1885
In Chicago wird der erste moderne Wolkenkratzer fertiggestellt. Er besteht aus Stahl und Beton.

1888
Der Engländer John Boyd Dunlop erfindet einen praxistauglichen Luftreifen.

1928
Alexander Fleming entdeckt das Penizillin. Es wird das erste Antibiotikum der Welt.

1938
Konrad Zuse aus Deutschland entwickelt den ersten programmierbaren Computer.

1945
Fünf Menschen werden zum ersten Mal mit einem Hubschrauber von einem sinkenden Schiff gerettet. Der Hubschrauber gehört dem amerikanischen Militär und heißt »Sikorsky R-5«.

1949
Der erste Düsenjet der Welt, der britische »de Havilland Comet«, besteht seinen ersten Testflug.

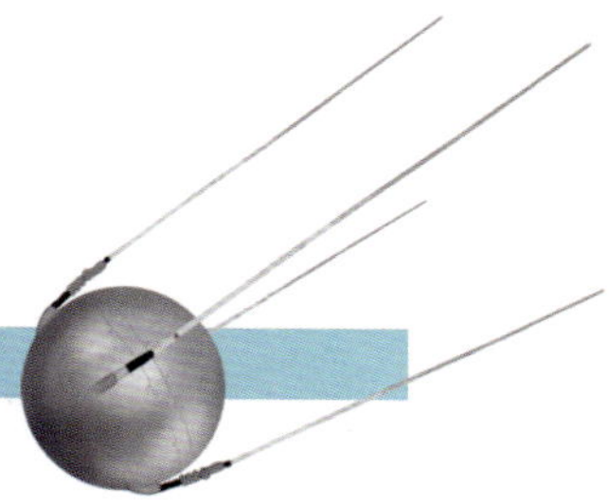

1957
Die Sowjetunion schießt »Sputnik«, den ersten künstlichen Satelliten, in den Weltraum.

1984
Der britische Genforscher Alec Jeffreys entdeckt den genetischen Fingerabdruck zur Ermittlung in Kriminalfällen.

1998
Sergey Brin und Larry Page, Studenten der amerikanischen Stanford University, stellen ihre Google-Suchmaschine für das World Wide Web vor.

2005
Das größte Flugzeug der Welt, der Airbus 380, startet von Frankreich aus zu seinem ersten Passagierflug.

2008
Apple und Android eröffnen ihre Vertriebsportale, in denen sich die Nutzer praktische Apps auf ihre Smartphones und Tablets laden können.

Heute
Die Welt unterliegt dem ständigen Wandel: Themen wie Vernetzung, Elektromobilität und Digitalisierung stehen im Vordergrund.

REGISTER